お店やろうよ! ①

はじめての「カフェ」オープンBOOK

技術評論社

カフェオーナーにはこんな人が向いている

カフェをはじめるのはいつでも自由です。少ない資金でも狭いスペースがあれば、飲食店経営のあまり経験のない人でもOK。大切なのはオープン後、どこまで続けられるかです。

at CAFE

カフェを開業するには、場所と資金さえあれば、免許も資格も必要ありません(もちろん届出は必要です)。はじめ方が決まっているわけでもありません。1店1店が、それぞれのやり方でスタートしています。

仲間と協力し合い、力仕事を手伝ってもらったり、手間と時間をかけて自分だけで内装工事までやってしまったり。競争の激しいカフェ経営に数多くの人を駆り立てるのは、そこに「夢」があるからです。

しかし、カフェをはじめるのは決して楽ではありません。額に汗し、お金の心配もしなくてはなりません。それに、コーヒーや紅茶を楽しめるだけでは人を呼べません。何よりも自由な発想が必要です——ブック

PEOPLE

カフェ、ギャラリー併設、雑貨や天然酵母パンの販売を兼ねたり、イベントやワークショップに積極的なカフェなど、オーナーの趣味と個性が色濃く現れたお店に人気があります。

経営のカギを握るのは現実を見る目

多くの人が集まるカフェをつくるためには、「夢」さえあればいいわけではありません。経営感覚や責任感、何時間でも働ける体力なども欠かせません。味や雰囲気、接客態度――そのカフェに足を運んでもらうだけの魅力があることが第一です。

お客さまに愛されるために何をすればいいのかは、自分で考えるしかありません。他人がマネしようとしてもできないことを見つけられる人こそ、オリジナルなカフェの開業に向いていると言えます。

「夢」とともに「目標」を達成しようとする強い意思を持てるかどうか。それがカギになるのです。

カフェ開業で成功する人とは

①とにかくカフェが好きな人
②自由な発想と理想を持てる人
③確実な計画づくりができる人
④顧客ニーズを受け止められる人
⑤明るく、だれとでも仲良くなれる人
⑥喜びを共有できる、だれかがいる人
⑦自分で決めたルールを守れる人
⑧利益を上げる経営戦略ができる人
⑨粘り強く、地道な努力のできる人
⑩何かが欠けていても、それを補う何かを持っている人

■カフェとファストフード店の利用状況

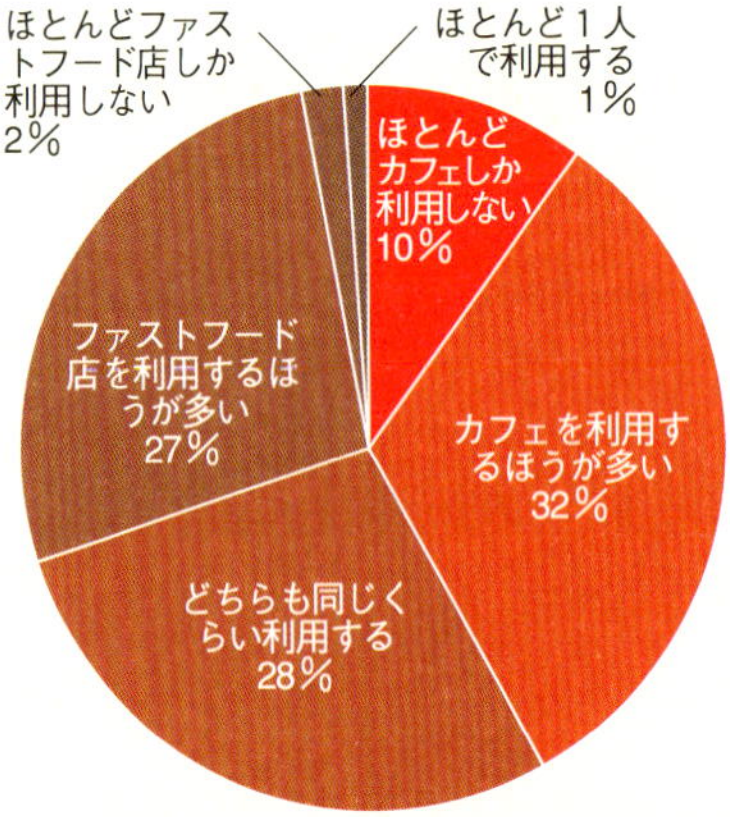
ほとんどファストフード店しか利用しない 2%
ほとんど1人で利用する 1%
ほとんどカフェしか利用しない 10%
カフェを利用するほうが多い 32%
どちらも同じくらい利用する 28%
ファストフード店を利用するほうが多い 27%

別の調査では、大手チェーン店派が56%を占めたのに対し、個人経営店派は8%という厳しい現実も知っておこう。(出典:(株) マクロミル「カフェに関する調査」)

■あなたにとってカフェとは何ですか?

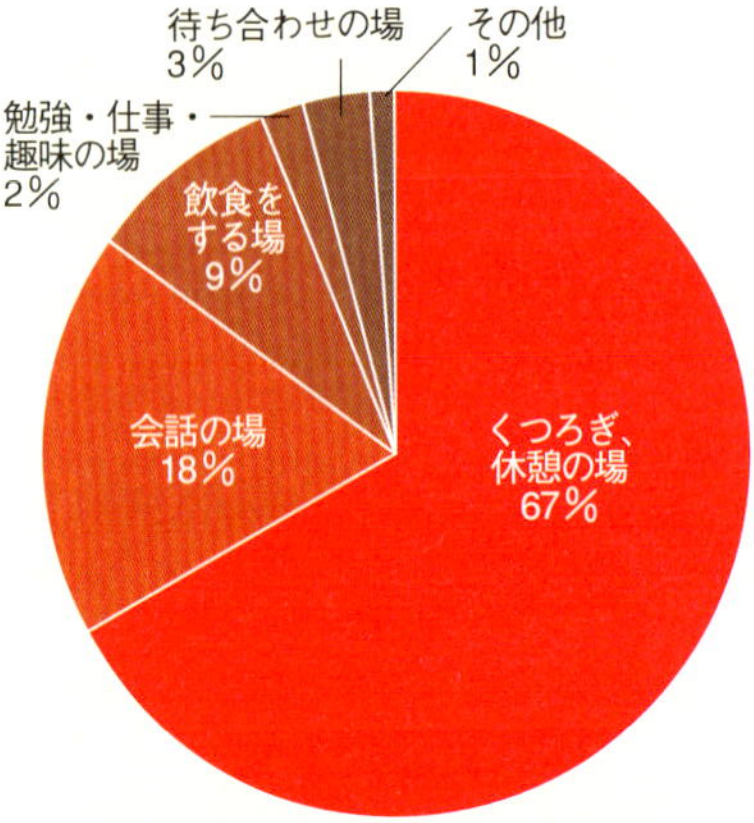
待ち合わせの場 3%
その他 1%
勉強・仕事・趣味の場 2%
飲食をする場 9%
会話の場 18%
くつろぎ、休憩の場 67%

関東・関西の10～20代女性519人に対しての調査結果。利用頻度は、半数近くの人が「週に1回以上」(出典:(株)マクロミル「カフェに関する調査」)

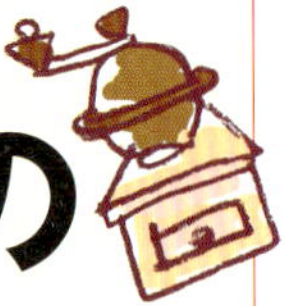

データに見るカフェの「いま」と「これから」

カフェをはじめた以上、たくさんの人に愛されたいもの。
しかし、そうは簡単にいきません。時代のニーズをとらえ、
それをお店づくりに生かすことが長続きさせるコツのひとつです。

カフェは時代とともに変化します。何十年も続いた老舗が店をたたむことも珍しくありません。街にはセルフ式のチェーン店が軒を連ね、低価格のコーヒーが好まれています。

激しい競争は、ほかの飲食店と同様にカフェ業界も例外ではありません。味や雰囲気、接客サービスなど、その時代時代を生きる人に受け入れられなくては、お店を長く続けることはできないのです。

しかし一方では、個人で営業する小さなカフェが人気を集めている様子を目にすることもあります。カフェは、なくても困らないかもしれませんが、それではちょっと寂しくなってしまう――という人は多いのではないでしょうか。

大手の経営戦略に則ったカフェチェーンにはできないことが、個人のお店では普通にできます。オーナーの夢に共感できる人を、どれだけ集められるか。あなたもこのゲームに参加してみませんか?

DATA of CAFE

■カフェを選択するときの重視点

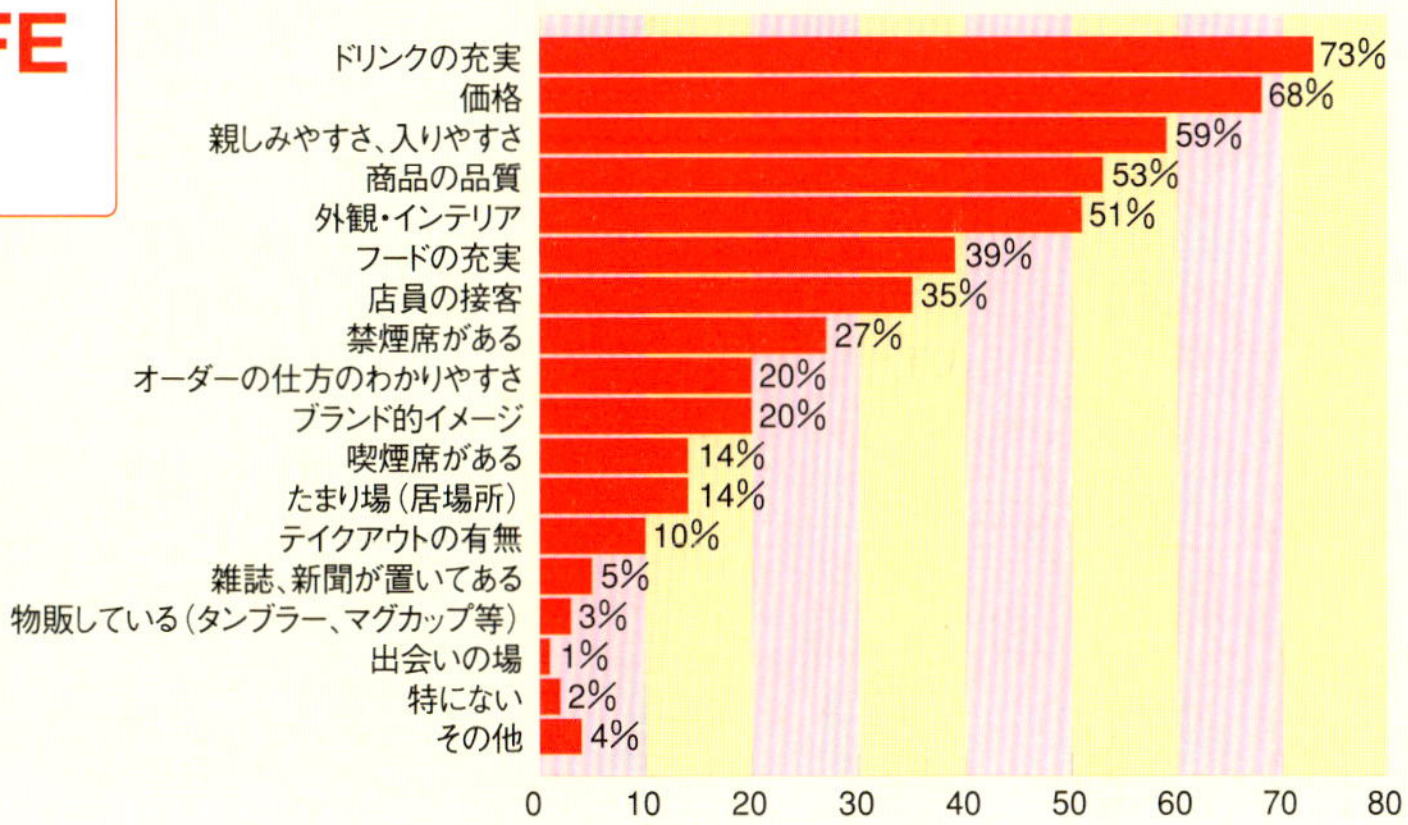
ドリンクの充実 73%
価格 68%
親しみやすさ、入りやすさ 59%
商品の品質 53%
外観・インテリア 51%
フードの充実 39%
店員の接客 35%
禁煙席がある 27%
オーダーの仕方のわかりやすさ 20%
ブランド的イメージ 20%
喫煙席がある 14%
たまり場(居場所) 14%
テイクアウトの有無 10%
雑誌、新聞が置いてある 5%
物販している(タンブラー、マグカップ等) 3%
出会いの場 1%
特にない 2%
その他 4%
0 10 20 30 40 50 60 70 80

「ドリンクの充実」など商品面と、「親しみやすさ、入りやすさ」といった雰囲気を重視する人が多い。ただしサービス面も無視できない数字といえそうだ。(出典:(株)マクロミル「カフェに関する調査」)

■カフェにあったらいいと思う機能

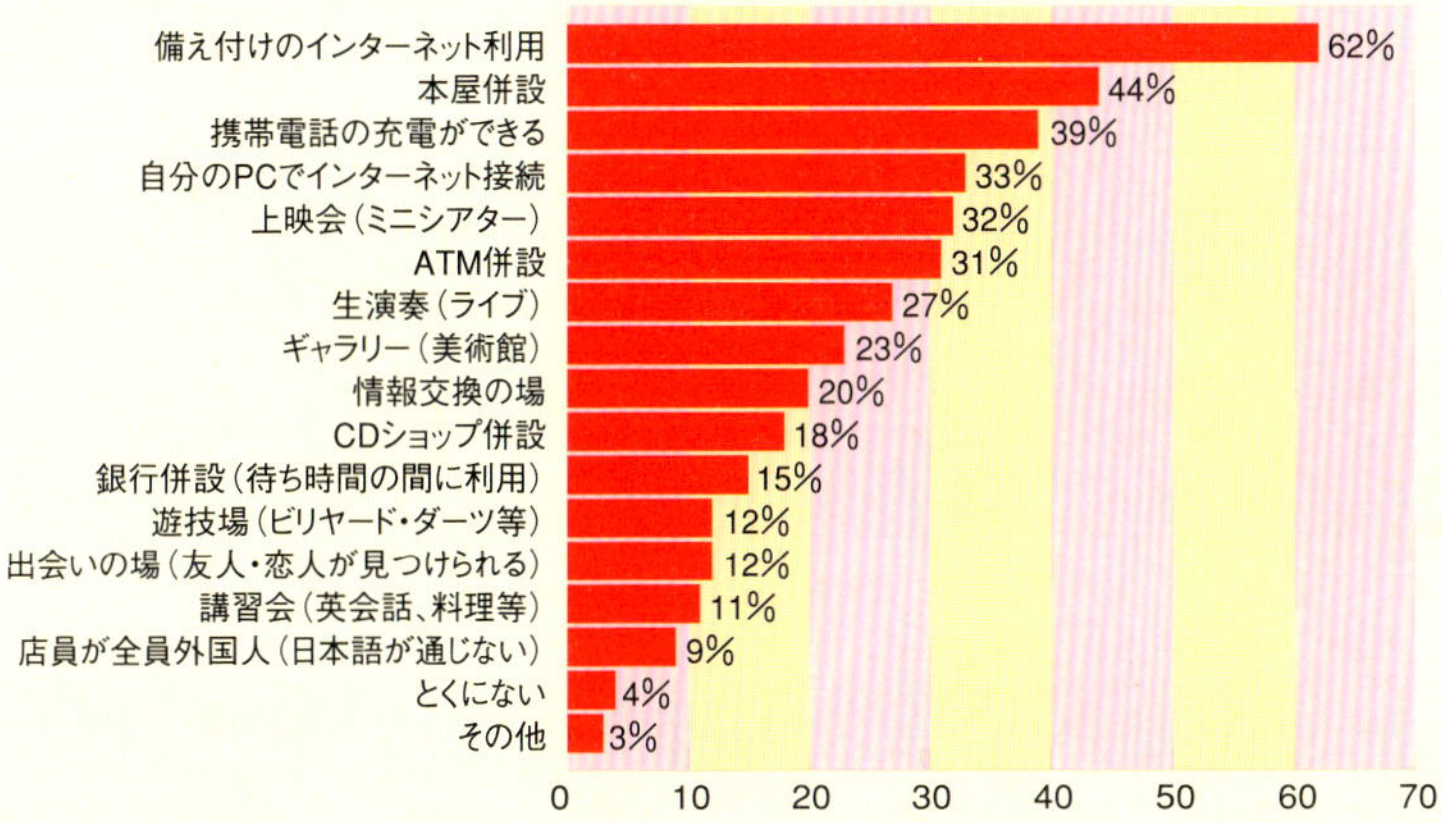
備え付けのインターネット利用 62%
本屋併設 44%
携帯電話の充電ができる 39%
自分のPCでインターネット接続 33%
上映会(ミニシアター) 32%
ATM併設 31%
生演奏(ライブ) 27%
ギャラリー(美術館) 23%
情報交換の場 20%
CDショップ併設 18%
銀行併設(待ち時間の間に利用) 15%
遊技場(ビリヤード・ダーツ等) 12%
出会いの場(友人・恋人が見つけられる) 12%
講習会(英会話、料理等) 11%
店員が全員外国人(日本語が通じない) 9%
とくにない 4%
その他 3%
0 10 20 30 40 50 60 70

インターネット調査のため、PC利用の要望が実態より高めだろうが、ニーズの幅広さを見て取ることができる。(出典:(株)マクロミル「カフェに関する調査」)

時代をつかんだ11店のオーナーたちに学ぼう!

本書で取材したカフェのなかでもっとも古いのは、60ページに紹介する「café Slow」。2001年5月の開店で、まだ5年目に入ったばかり(05年8月現在)です。人間で言えば、幼稚園に入るかどうかというところ。

そしてもっとも新しいのは、「SPICE cafe」(48P)「ambulante cafe」(72P)の04年11月ですから、まだよちよち歩きの赤ちゃん。

しかし、若いといって侮ってはいけません。カフェという商売は、飲食店の経験があればいいというものではないのです。お店づくりに生かせる何かを持つ人が、それを実現しようと努力するときに、最大の力を発揮します。常識はずれの成長スピードで、あっという間に人気カフェの仲間入りをしてしまうことは珍しいことではないのです。

登場していただいた11店のカフェのオーナーたちは、皆さん短期間のうちに経営を軌道に乗せることに成功しています。時代は待ってはくれないのです。

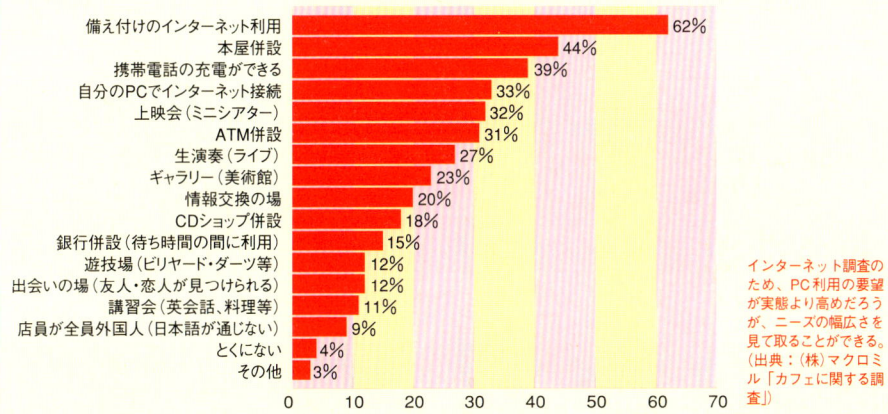

はじめてのカフェ オープンまでのスケジュール

まず、いつ開業するかを決めて1年間のスケジュールを立ててみよう。全体の計画が見えて、具体的に何をすればいいのかわかりやすくなるはずだ。

1～3カ月目　人気カフェをめぐってみよう

実際の人気カフェがどんな営業をしているか見学に出かけよう。ポイントは、立地・印象・接客サービス・メニュー・雰囲気など。自分の理想に近いお店をできるだけ多く見て、比較検討してみよう。

やっておきたいこと

- 雑誌、HP、ブログなどで最新情報をチェック。
- カフェ以外にも、最近の消費者ニーズ、飲食関連のトレンドなどを押さえておく。
- なぜ人気があるのかを分析。直接お店の人に聞くのも○。

4～5カ月目　自分だけのオリジナルカフェを描いてみよう

人気カフェをたくさん見たら、次にどんなお店にしたいかを紙に書き出す。そのとき大事なのはコンセプト設計だ。自分のカフェに対する基本となる考え方を明確にしておくと、何ができるかはっきりする。

やっておきたいこと

- コンセプト設計は、顧客層、立地、価格などをどうするかを明確にすること。
- 基本コンセプトは、開業計画を進めるうえで迷ったときなどに、再チェックや肉づけするのにも役立つはず。

6～8カ月目　オープンに向け準備開始！

どんな立地条件がいいかはっきりしたら、希望エリア内の物件探しをはじめよう。設計の基本や、必要な厨房設備などについても知っておきたい。専門知識を持つ人に話を聞いてみるのもいいだろう。

やっておきたいこと

- 希望エリアの物件相場、商圏エリアの実態調査など。
- 基本的な店舗設計や、必ず必要になる設備機器についての知識を仕入れよう。
- ドリンク、メニューの種類、価格をどうするか？

9カ月目　いろいろなモノをそろえよう

カフェをやる以上、コーヒーについての知識を豊富にしたい。コーヒー豆の種類、焙煎方法、仕入れ方など。またインテリアなどは新品か中古にするのか、どこから購入するのかなど下調べしておこう。

やっておきたいこと

- 購入先、選ぶポイントなどについて知っておく。
- 保健所などへの届出の種類、必要な書類をそろえる。
- 毎日使うコーヒー豆、食材などの仕入れ方法を調べ、コストについても検討する。

10カ月目　お金の準備をしっかりと！

開店するには少なくとも300～400万円は自己資金として用意したい。不足分はどこかで借りることも考えなければいけない。売り上げ目標を立て、しっかりした開業計画書を書けないようでは、どこからも借りることはできない。

やっておきたいこと

- 売り上げ目標を立て、どれだけ売り上げがあれば利益が出るのかを計算しておく。
- お金の借り方、開業計画書の書き方について知っておく。
- 開店するまでに、どれだけお金が必要か試算しておく。

11～12カ月目　さあ、オープン直前

お店の名前を考えたり、看板をつくったりのほか、開店告知の段取り、スタッフの求人方法、接客の基本ルールについても学ぼう。営業前には知人を呼んでリハーサルを行い、不備がないか万全にしよう。

やっておきたいこと

- 食器・備品の納品、メニュー、看板などの確認。
- 店名印の用意、電話の加入、営業許可の届出など。
- コーヒー豆、食材などの業者との交渉、納品など。
- オープンリハーサルをしよう。

c o n t e n t s

第2章 自分スタイルのカフェを描いてみよう

7つのヒントを大公開！ 大切なのは、あなた自身のコンセプト設計

第3章 オープンを目指して準備を始めよう

物件探し＆モノ集め

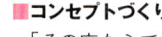

第4章 お金の悩み、これで解決！
マネープランの基本

第5章 さあ、オープン間近！ これだけはやっておこう
開店前後の段取り

お店めぐりに出かけてみよう

トがいっぱい!!

遊びに出かけた街、人が集まる街で、
ふと入ったカフェにも、何か発見があります。
コーヒーの香りに癒されるだけではありません。
そこでの“新鮮な出会い”から、自分にも
何かできるのではと、夢が膨らむためです。
そんなカフェ好きが高じてカフェをはじめてしまった
という開店５年目までのフレッシュなお店のオーナーたち。
彼らの活気あるお店をつぶさに見て歩くことで、
新しいカフェのヒントがどこかに見つかるかもしれません。

好きな人にはたまらない味わいのお店

木造アパートを
再生した
カレー自慢のカフェ
SPICE cafe
（048p）

焼き菓子と天然酵母パン
羊にこだわった
路地裏のカフェ
三月の羊
（054p）

知る人ぞ知るとっておきのお店

環境にやさしい
オーガニック
カフェ
café Slow
（060p）

豆の一粒に
こだわる
自家焙煎カフェ
Caffè Delfino
（066p）

エスプレッソが
香り立つ
移動カフェ
ambulante cafe
（072p）

オーナーのこだわり　＝立地　＝お店づくり　＝接客　＝メニュー　!!!＝テーマ性

第1章

人気店にはヒン

人気タウンで個性が光るお店

雑居ビル3Fにある
隠れ家的カフェ
unna
(012p)

食も、空間も、
意外性に富んだ
和み系カフェ
HATTIFNATT
(018p)

夫婦で経営する
手づくりカフェ
**カフェ
タコキッチン**
(024p)

遠くからも人が集まるお店

アートにこだわる
ギャラリー系カフェ
cafe La Vue Blanche
(030p)

遊び心いっぱいの
異空間カフェ
★mashman's★cafe★
(036p)

アーティストがつくる
ギャラリー&
ブックス・カフェ
appel
(042p)

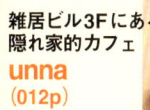

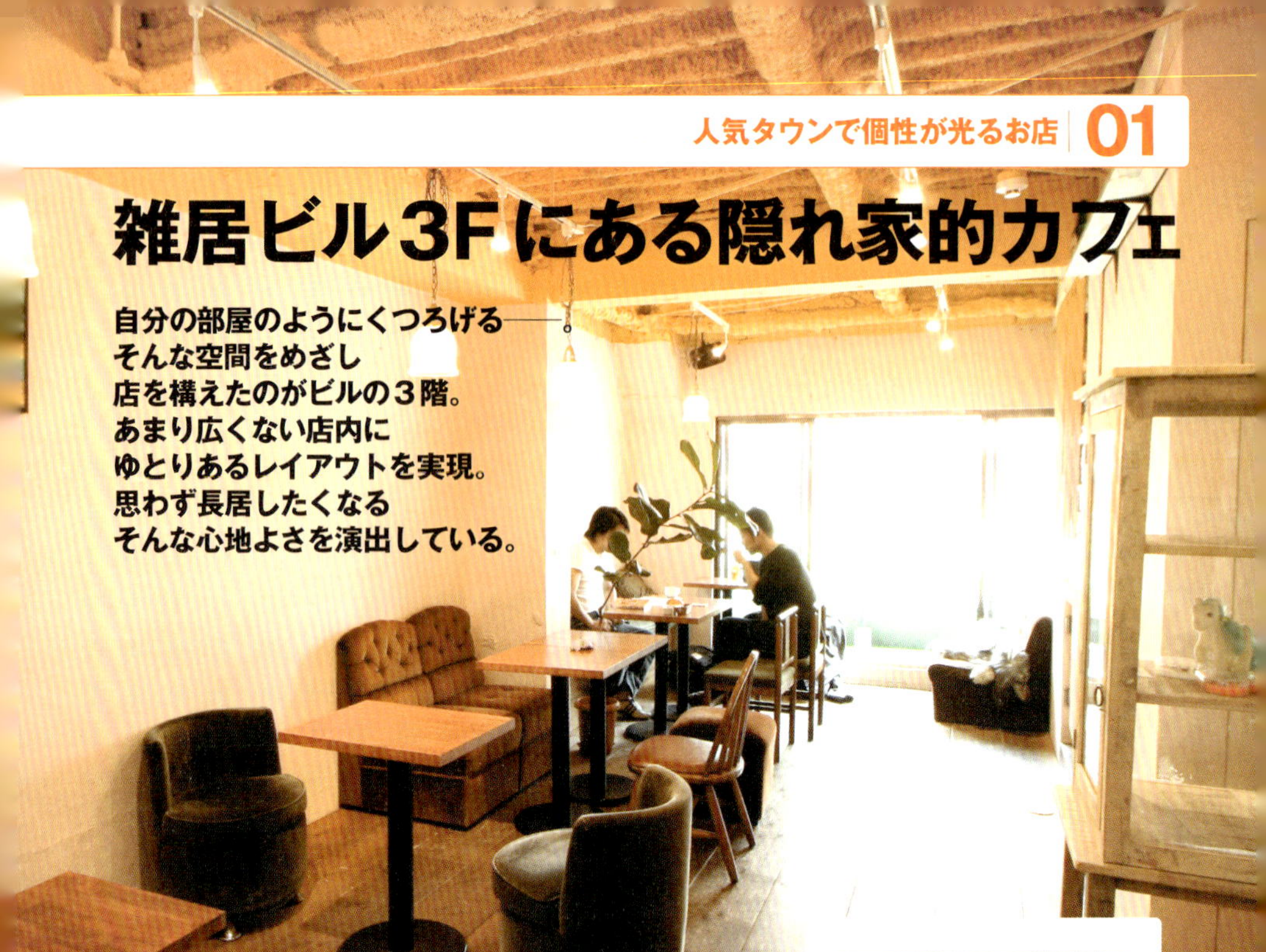

雑居ビル3Fにある隠れ家的カフェ

**自分の部屋のようにくつろげる――。
そんな空間をめざし
店を構えたのがビルの３階。
あまり広くない店内に
ゆとりあるレイアウトを実現。
思わず長居したくなる
そんな心地よさを演出している。**

unna
東京都世田谷区

駅からやや離れたところに位置するため、都心とは思えないほど静かなたたずまい。人通りは少なくないが、窓を開け放しても店内の落ち着いた雰囲気を損ねないのは、ビルの３階にある点が大きい。

オーナーのこだわり

…くつろぎ感を重視して、「表通りに面していない2階より上のフロア」を選んだ。
…席数はほどほどに。厨房は収納で隠し、内部のあわただしさをお客さまに見せない。
…騒いだり他人に迷惑な行為をする人には、厳しく注意することも。

(右)unnaの看板メニューといえば「フレンチトースト」。／(左上)厨房の前を整理棚とすだれで目隠し。スタッフの動きを隠すことにより、お客さまはゆったり落ち着いて過ごすことができる。／(左中)厨房側から見た整理棚／(左下)ビルの脇にある細い階段がカフェへの入り口。看板がなければ見過ごしてしまいそう。

雰囲気にこだわり あえて人が訪れにくい場所に

白くて細い急な階段を上って3階へ。木枠のガラス扉を開けると、さわやかな風と陽光がカラダを包んでくれる。とても裏路地の雑居ビルのなかにあるとは思えないこの開放感は、「unna」の大きな魅力だ。

オーナーの根峯さんがオープンにあたり、まずこだわったのは「あまり人が来ない場所」であること。カフェ激戦地の下北沢にあって、あえて目立たない立地を選んだ。ねらいどおり、それがこの店を知る人だけのひそかな喜びにもなっている。

10坪あまりのスペースに、ふぞろいのイスが18席。空間に余裕を持たせたレイアウトで、自由なお店の雰囲気を壊さないようにしているのがわかる。

座席は壁側に寄せて並べ、廊下のようなスペースを確保。店内はあまり広くないが、移動しやすくなっている。突き当たりのバルコニーには人工芝を敷き詰め、犬も遊べるスペースにした。看板娘のレグ（アフガンハウンド・2歳）がいることや、犬連れのお客さまも多いためだ。希望すれば、ここにテーブルを出してくれることもある。

「でも走り回る子どもや、犬を座席に座らせたりするお客さまには、厳しく注意することもあるんですよ」

自由な空間を心がけているとはいえ、そこにルールがなければ自己満足に終わってしまう。ここでは、犬好きの人も、そうでない人も、同じようにくつろげる空間になっている。

(上)写真手前が、フレンチトーストの中でも人気の「シナモンアップル」819円。／(右下)ガーリックトーストにシーザーソースをかけた「チキン」1,050円。／(左下)調理中の平井さん。

「午後のカフェタイム」に合わせた軽めの食事メニュー

女性の感性を生かした手づくりの内装・デザイン

内装のデザインは共同経営者でもある平井泰波さんが担当した。平井さんは根峯さんの古くからの友人で、アクセサリーデザイナーの顔も持つ。

その平井さんが力を入れたのが、壁や天井の色だ。

壁を淡いピンクにすることで、目にやさしく落ち着いた雰囲気を演出。天井は店内を明るく見せるため、黄色を選択。派手すぎず暗すぎず、壁のピンクとうまく調和している。

どちらの色も、ペンキ店で何度も調合し直してもらい、つくり上げたこだわりの色だ。

お店の一角では、平井さんが手がけたアクセサリー類の展示販売も行っている。

ショーケースに陳列することで、単なる物販スペースとしてではなく、店内のインテリアとしても、ほどよいアクセントになっている。

お店づくりのワザを学べ！

レイアウトのポイントは？

厨房とトイレの広さはじっくりと考え決定。トイレは、ゆったりとしたスペースを確保し、窮屈さを感じさせないように配慮した。「いかに効率的に客を入れるか」という考えを捨て、「どれだけ快適に過ごしてもらえるか」を追求した。「トイレに入ったほんの少しの時間でも心地よく過ごしてもらいたいと思ったんです」と、根峯さん。

内装工事を頼む業者はどう選んだ？

内装工事を頼む工務店は、店の近所を探したり、ネットや電話帳で調べたりするなどして決めた。何十軒という工務店に見積もりを出してもらい、そのなかで自分たちにあった会社を慎重に選んだ。それでも彼らにやってもらったのは、ガスや水道などの、設備工事のみ。壁を塗ったり、ライトを設置したりなど、できることはすべて自分たちの手で行った。

仕入れはどうしている？

知人の料理人に紹介してもらったり、ネットで調べたりした。コーヒー豆も知り合いから教えてもらい、納得した数店から仕入れている。そのほかの食材に関しては、できるだけお店の近所で仕入れることにした。というのも、野菜などは、あまり保存が効かず、しかも毎日値段や状態が変わっていくから。自分たちの目で直接確認するためにも、近所での仕入れにこだわった。

メニューの決め方は？

知り合いのシェフやパティシエにアドバイスをもらい決めていった。一番のポイントは、材料を無駄にしないこと。ひとつの材料を複数のメニューで使いまわせるよう心がけている。使いまわしができない材料は、それを使用するメニューが売れなかったとき、まるまる無駄になってしまう。もちろん自分たちがおいしいと思ったものを出すのが基本だ。

開業資金の内訳は？

店舗物件取得費	3,000,000円
店舗工事費（内装設備費・厨房設備費含む）	5,000,000円
什器・備品類（雑費含む）	2,000,000円
運転資金	2,000,000円
合計	12,000,000円

インテリア類は何軒ものお店をまわって安くていいものを集めた。天井の照明も自分たちで設置。

HISTORY

お店オープンまでの歩み

1995年ごろ
学生のころからぼんやりと、「将来店を持ちたい」と思いはじめる。

1998年
学校を卒業後、不動産関係の会社に就職。

2003年12月
カフェをやろうと決意。物件を探しはじめる。

2004年1月
当初はライブもできる広いスペースの店を考え、地方を探したが見つからず、知人の多い下北沢に店舗を決定。

2004年2月
工事打ち合わせ、食器などの買い出し。

2004年3月
メニューづくりなど。

2004年4月
オープン。

illustrated

【図解でわかる人気のヒミツ】

落ち着ける空間を実現させるため、客席と厨房・トイレのレイアウトには気を遣った。壁の色やインテリアなどはデザイナーでもある平井さんが担当。女性の感性を生かし、やさしく落ち着いたトーンで統一した。

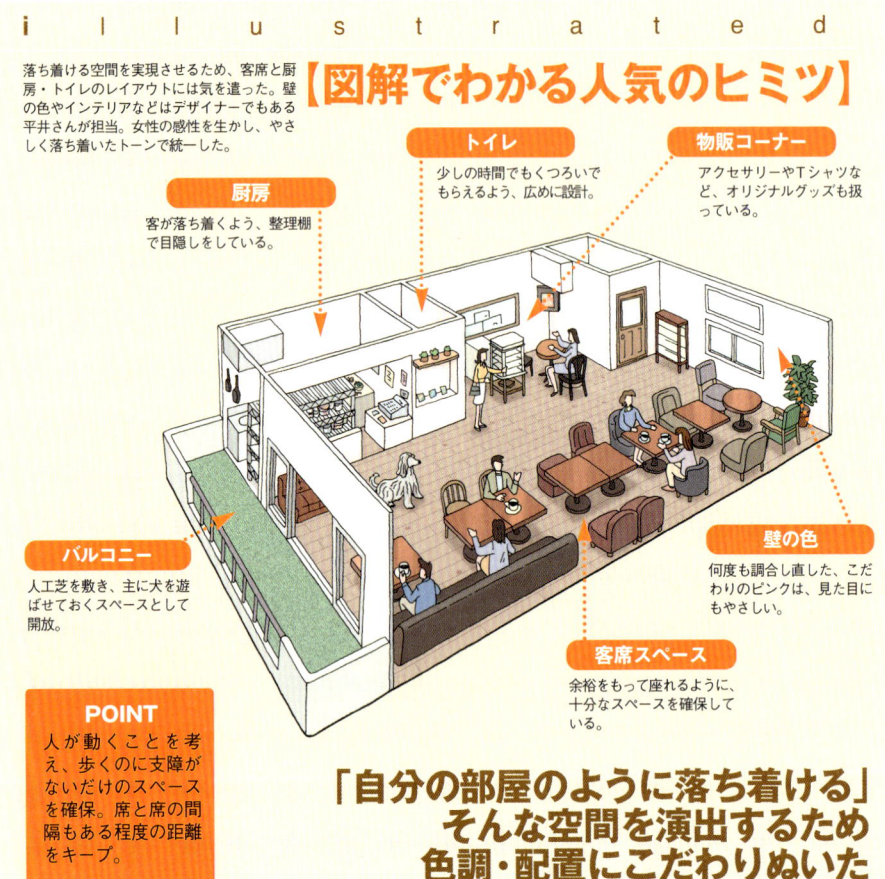

厨房
客が落ち着くよう、整理棚で目隠しをしている。
トイレ
少しの時間でもくつろいでもらえるよう、広めに設計。
物販コーナー
アクセサリーやTシャツなど、オリジナルグッズも扱っている。
バルコニー
人工芝を敷き、主に犬を遊ばせておくスペースとして開放。
壁の色
何度も調合し直した、こだわりのピンクは、見た目にもやさしい。
客席スペース
余裕をもって座れるように、十分なスペースを確保している。

POINT
人が動くことを考え、歩くのに支障がないだけのスペースを確保。席と席の間隔もある程度の距離をキープ。

「自分の部屋のように落ち着ける」そんな空間を演出するため色調・配置にこだわりぬいた

オープンしてからわかったお客さまのニーズ

「unna」の特徴のひとつが、平井さんが担当する種類豊富なフレンチトースト。クリームなどのデザート系やノンシュガーのサラダ系など、女性の感性でメニューを作り出し、その数なんと30種以上。ところが、オープン当初は4、5種類しか用意していなかったという。

「最初はランチに対応できるよう、しっかり食べられるメニューがたくさんありました。でも、なぜかフレンチトーストを頼むお客さまが多かったんです」

オープンしてからしばらくすると、2時以降の来客が多いことに気がつき、徐々にメニューを調整。チキン料理など、ランチ用のメニューを削り、フレンチトーストのバリエーションを増やしていった。

種類が多いことで、お客さまは飽きることがなく、つねに新鮮な味を楽しむことができるのだ。

t h e s h o p

unna
の注目ポイント

さまざまな種類のイスは、根峯さんが数々のお店を歩きまわって集めたもの。座りやすく、お店のイメージに合ったものを厳選。

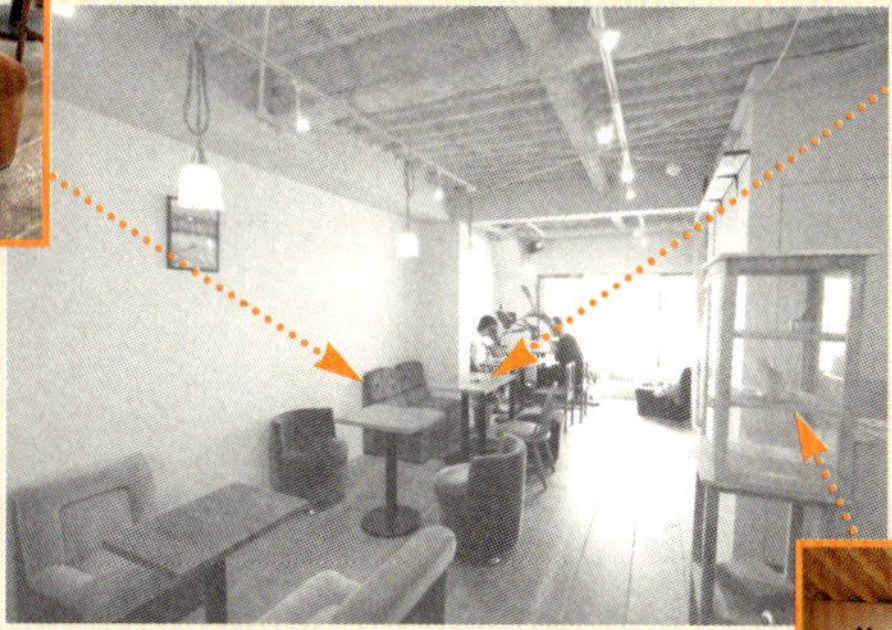

貝殻を利用した灰皿は、知り合いのイラストレーターに描いてもらったもの。裏返せばインテリアとしても利用できる。

店内の一角を物販コーナーとして使用。Tシャツなどオリジナル商品を販売している。

物販しているアクセサリー類は、平井さんのオリジナル作品。ファンも多く、購入目的で訪れる人もいる。

shop data

unna
住所／東京都世田谷区北沢2-33-6-3F
TEL／03-3485-5617
営業時間／12:00～21:00
定休日／木　席数／16席
ランチ／12:00～15:00
食べ物／約40種のフレンチトースト682円～
※＋262円でコーヒーまたは紅茶
飲み物／紅茶504円～、ビール630円～

unna オーナーからのメッセージ

開業前の予想はあてにならない。実際にお客さまと接してからわかることのほうが多い。

「お客さまのニーズに対応した結果、雑誌でも紹介されるように。ただそれ以来、近所のカフェもフレンチトーストを出すようになりましたけどね」

食も、空間も、意外性に富んだ和み系カフェ

ここでは、みんな子どもに戻ってほしい。
そんな夢を実現しようと、古い商店を改造し、
2階をカフェ＆ギャラリー空間にしている。
自慢のスイーツが楽しめ、夜のカクテルも充実する
高円寺でもユニークなお店だ。

HATTIFNATT

東京都杉並区

もともとの建物は、建て坪の狭い古い商店。天井を取り除いて高さを出したことで、まるで秘密基地のような雰囲気に。その空間の演出は、入り口の扉の大きさにも。頭をかがめて入るくらいの低さだ。

オーナーのこだわり

…姉の雑貨店に作品を置く、
作家たちの交流の場をつくりたい。
…つくり置きせず、オーダーを受けてからつくる。
「感動を与えるようなお菓子」を目指している。
!!!…子どもサイズの入り口は、童心に帰り、
心からくつろいでほしいという願いから。

（右・左上）天井近くに設けられたロフト（6席）は、まさに隠れ家的。／（左中）大きな窓が2面にあるので通風・採光の面でも問題はない。／（左下）「釜だしクロックムッシュ」（サラダ付）788円は、サンドウィッチにホワイトソースをかけ、釜で焼き上げる。

商店街にあるとは思えない非日常的な空間

店名のハティフナットとは、あのムーミンの物語に登場する謎の生き物「ニョロニョロ」のこと。2軒隣にオーナーの高嶋渉さんの姉が経営する雑貨店「トゥーティッキ」（やはりムーミンの登場人物）があり、この店名にならったものだという。

空色の壁に赤白ストライプの庇という外観からは想像しにくいが、ここは高円寺あづま通り商店街。子どもサイズの入り口を入ると、左手にキッチンがあり、「お2階へどうぞ！」と声をかけられる。狭い木のぎしぎしと鳴る階段を上がると、小ぢんまりとした明るい空間があり、21席（ロフト6席）を用意。

山小屋を思わせる高い天井近くにはロフト席もある。手づくりのように見えるイスはニスを削り落とし、木目を浮き出させたもの。ごつごつした肌触りが心地よい。

この建物は、築45年ほどの元電器店だ。2階には3人家族が住んでいたという。2003年7月のオープンに合わせ、高嶋さんをはじめ、父親や家族が協力して改造した。わずか6畳のスペースだったが、押し入れをつぶして有効活用している。決して丁寧なつくりとはいえないだろうが、それがかえって訪れる人を和ませるポイントにもなっているようだ。

「この店をつくるにあたっては、月日がたつほどによくなることを主眼にしました。20年後に完成する感じですね」と高嶋さん。もとは生活空間そのものという、カフェにとっては短所になりがちな点が、巧みに利用されているのだ。

(右)「さくさくシフォンのふんわりショート」578円。
(左上)「いちごちゃん」546円は、パイ生地にミルクチョコを敷き、たっぷりのカスタード、生クリーム、いちごで仕上げ。
(中)「プリンのかくれんぼ」504円。
(左下)オーナーの高嶋さん。丹念に一つひとつつくり上げていく。

いつもできたてだから より食感が楽しめる

物をつくる喜びを お客さまにも味わってほしい

高嶋さんの前職は、腕のいいケーキ職人。某ホテルでパティシエとして働いた後に転職した。老舗洋菓子メーカーで商品開発に携わり、お菓子をつくる喜びと楽しさを再確認したという。

そんななか、当時の上司にTVチャンピオンの「ケーキ職人選手権」で何度も優勝した名人がいて、「自分の店を開店するから、ぜひ一緒に」と誘われたのだ。

高嶋さんは、自宅を購入したばかりということもあって悩んだが、結局は断念。そこで自分のお店を持とうと一大決心をする。物件は祖母が持っていたから、開業資金は200万円でおつりが来る程度ですんだ。

「びっくりしてもらえるような感動を与えるお菓子をつくりたい」という言葉どおり、お店のウリは、もちろん自家製スイーツ。つくりおきをせず、できたてを提供している。

お店づくりのワザを学べ！

店づくりのポイントは？

子どものころからの喫茶店好きという高嶋さんは、将来の夢が喫茶店経営だったほど。なかでも「アンティークな雰囲気のお店が好きでした」というだけあり、流行にとらわれず、20年後に味が出ているようなお店をイメージしている。

お店の入り口はどうやってつくったの？

元は電器店だったため、1階正面はシャッターのみ。柱を建て、コンクリートパネルの上に細長い板を貼り合わせている。小さいドアは2階和室の天井の梁を使ったもの。高嶋さんの父親の提案らしいが、よく頭をぶつける人が多いので、内側にクッションを取り付けている。

厨房には左側に窓があり、調理する際の採光にも役立っている。

営業時間を遅くしたワケは？

2005年4月から、営業時間を夜12時まで延長。(以前は9時まで) その理由を高嶋さんに聞くと、「高円寺駅前に5年後、駅ビルができるという話を聞き、これは夜間の人通りが増えるのではと思いました」とのこと。04年9月には、自宅のある所沢から高円寺に転居。車で1時間ほどかかっていた通勤時間がなくなったことも手伝っている。

また、お店のあるあづま通り商店街は、あまり認知度の高くない商店街だが、「古本酒場コクテイル」、中古CD・本の「ZQ」、「ヨーロピアンパパ」など、マニアックなお店が多く、いずれも12時前後まで営業。「夜型のお客さまのニーズもあるのでは」と、遅めにシフトした。

会社勤めの経験で役立ったことは？

老舗洋菓子メーカーでは商品開発に携わっていた高嶋さん。新商品のサンプルをつくる以外にも、全国の百貨店や繁盛店をまわり、経営コンサルティングなどの仕事にもかかわったという。「単においしいだけでは売れない。食べる楽しみがあれば味を引き立てるんだと勉強になりました」。お店の運営に関することが、だんだん見えてくるとともに、独立願望が強くなっていったという。

開業資金の内訳は？

賃料	100,000円
店舗工事費	
電気・水道工事費	150,000円
木材・ペンキ費	500,000円
厨房機器費	700,000円
そのほか	350,000円
合計	1,800,000円

通り側に窓を設けているので、明るい厨房で気分よく作業できる。

HISTORY お店オープンまでの歩み

1995年
某ホテルのパティシエとして勤務。

1997年
老舗洋菓子メーカーに転職。

2002年
高円寺に姉の雑貨店がオープン。洋菓子メーカーの上司に神戸の店の手伝いを誘われるが断念。独立を考えはじめる。

2003年7月
姉のお店の2軒隣にオープン。

2004年9月
自宅を所沢から高円寺に転居。

2005年4月
営業時間を夜12時まで延長。

illustrated

【図解でわかる人気のヒミツ】

商店街のなかで、異彩を放つその外観から内部が想像しにくいが、それだけに入ったときの驚きもひとしお。壁面をギャラリーとして活用し、2週間に一度の展示替え。訪れるたびに雰囲気が違うところも好評だ。2面の大きな窓からの風通しが心地よい。

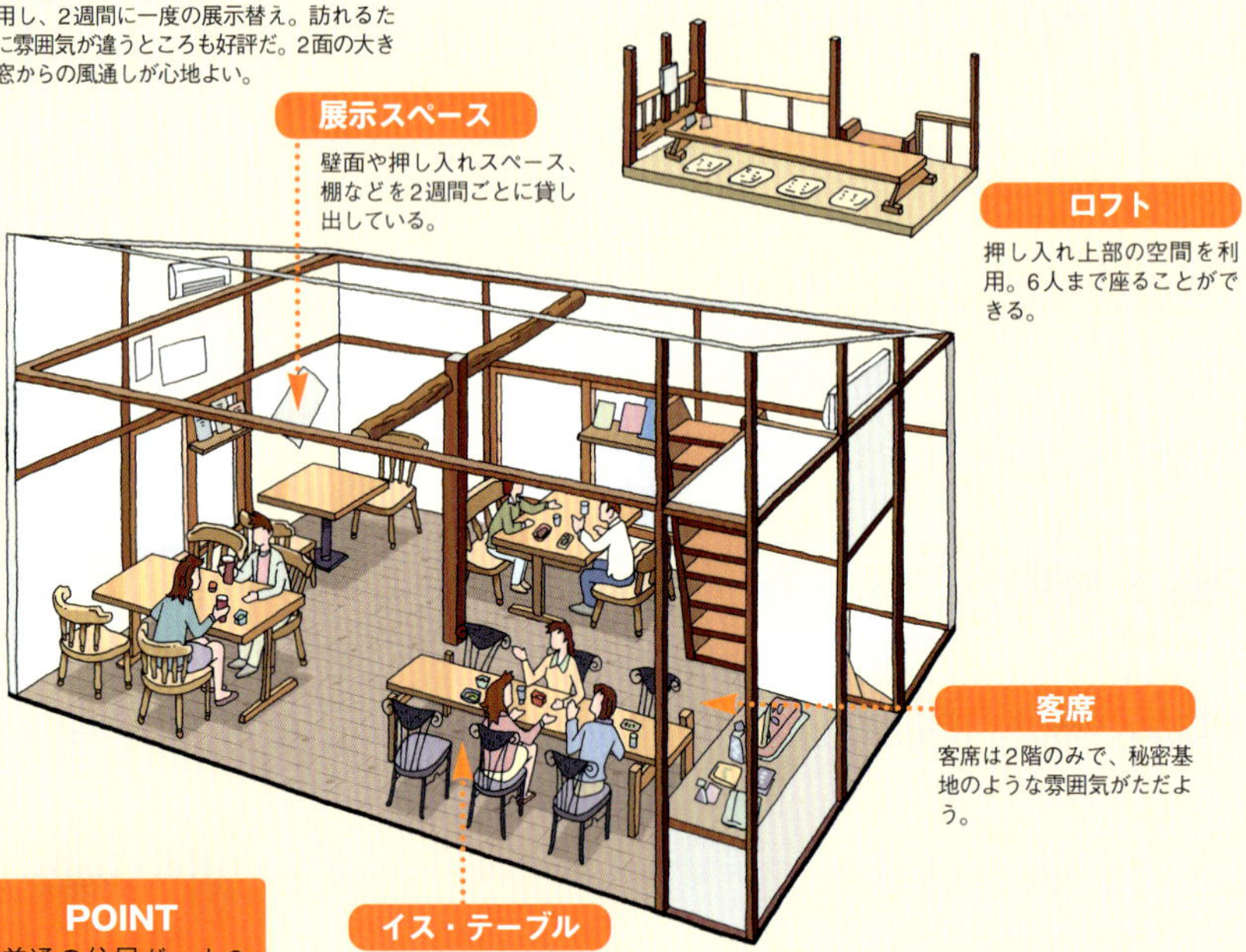
展示スペース
壁面や押し入れスペース、棚などを2週間ごとに貸し出している。
ロフト
押し入れ上部の空間を利用。6人まで座ることができる。
客席
客席は2階のみで、秘密基地のような雰囲気がただよう。
イス・テーブル
木製のイス・テーブルは表面のニスを削り取っているので、手づくりにも見える。

POINT
普通の住居だった2階を改造。天井を打ち抜き、押し入れをつぶしたり、狭さを感じさせない工夫をしている。

できたてケーキをワクワク気分で楽しめるどこか懐かしい空間

たとえば「さくさくシフォンのふんわりショート」は、その名のように2つの食感が一度に味わえ、ナイフを入れるとなかから新鮮なイチゴが顔を出す。また、パイ生地に乗せたプリンを生クリームでふんわりと包んだ「プリンのかくれんぼ」など、どれも意外性があり、遊び心に満ちている。

壁面を飾るのは、2週間ごとに入れ替えられる若手アーティストの作品。ギャラリーとしての顔も持ち、そのためもあって訪れるたびに違った空間を楽しむことができるのだ。

物をつくることの喜びを、空間と雰囲気、食べ物、展示作品など、すべてに一貫させている。それが、また足を運んでみたくなる気にさせる大きな理由のようである。

接客するのは妻の浩子さん。「お客さまがお皿を1階まで運んでくれたり、最近ますますお客さまとの距離が縮まったように感じます」。じわじわと街に浸透しつつあるようだ。

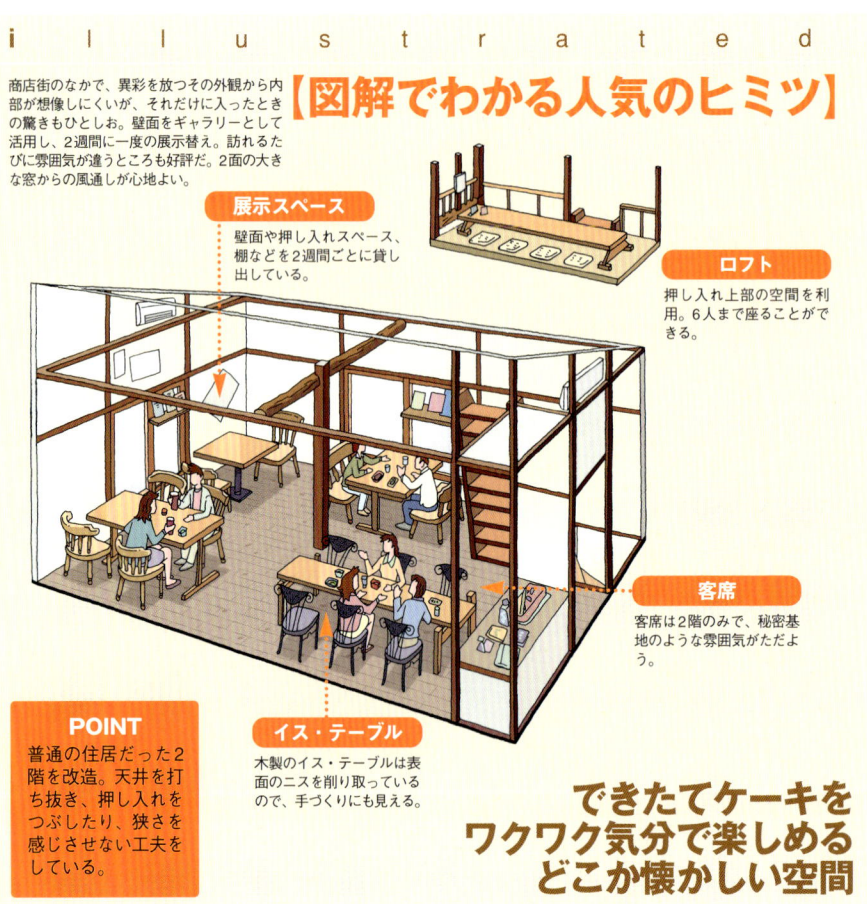

t h e s h o p

HATTIFNATT の注目ポイント

まるで手づくりのように見えるイスとテーブル。お店の雰囲気にとても似合っている。

妻・浩子さんによる自作のメニューブック。1品1品写真を撮り、簡単なキャッチコピーを添えている。

かわいいハーブガーデンのある大きなガラス窓からは、心地よい風が通り抜ける。

元は押入れだったところも展示スペースとして活用（写真奥）。長いテーブルを置いている。

追加オーダーなど、階下にいるスタッフを呼ぶ際には、このひもを操作すると、鐘が鳴る仕組みになっている

s h o p d a t a

HATTIFNATT

住所／杉並区高円寺北2-18-11
電話／03-6762-8122
営業時間／12:00～24:00
定休日／月
席数／21席（ロフト6席）
ランチ／12:00～15:00
食事／トマトカレー、焼なすのカレードリア（玄米）ほか
URL／http://www.too-ticki.com/hattifnatt.htm

HATTIFNATT オーナーからのメッセージ

お店の雰囲気は趣味でいいかもしれませんが、食べ物がおいしくないとお客さまが来ません。最近は電車で来店するお客さまも見えます。

「最近は遠方からいらっしゃるお客さまが増え、お客さまとの距離が縮まった感じがします。階段の上り下りで体重10キロの減量にも成功しました」

夫婦で経営する手づくりカフェ

沖縄で食したタコライスが
きっかけとなって、
夫婦ふたりでオープン。
老舗店の多い横浜にあって、
だれでも構えることなく、
リラックスできる空間を
スタイリッシュに提供する。

カフェ タコキッチン

神奈川県横浜市

このあたりは路地が碁盤の目のようになっているため、似たような景色ばかりで、場所がわかりづらい。ただ、喧噪からも離れており、静かでくつろげる場所になっている。

オーナーのこだわり

…お金をかけるところ、安く抑えるところをしっかりと区別し、最大の効果を引き出した。

…いつでもしっかりとした食事ができるボリューム感ある料理を用意。

…何を求めているかを察して、一人ひとりに合った接客を心がける。

(右)大きなガラス窓からの採光が、店内の開放感を演出。／(左上)デザイナーに頼んだというお洒落な看板とポスター。／(左下)店内はクリーム色を基調にして、ところどころに濃い目の色を置く、ポップだが落ち着いたイメージ。

すべてのきっかけは沖縄で出会ったタコライス

近代日本の礎となるものが数多く発祥した横浜・馬車道エリア。いわゆる老舗と呼ばれるお店が多い。

そんなエリアにあって、明るくスタイリッシュな外観の「タコキッチン」は、異彩を放ちながらも、歴史ある街並にうまく調和している。

高橋さんは脱サラでの転身である。もともと独立志向はあったものの、カフェでの開店を目指していたわけではなかった。

カフェを開くきっかけとなったのは、沖縄へ行ったときのこと。名物のタコライスを注文したところ、ご飯のうえにレタス・ひき肉・トマト・チーズ……といった姿に、「おいしくなさそう」に感じたという。

ところが、一度、口にしてみると、そのおいしさにびっくり。味もさることながら、見栄えと味の「ギャップ」に魅力を感じ、タコライスを生かした開業を決意した。さらに、ジャンルにとらわれない自由度からカフェというスタイルを選んだ。

開業の準備を進めるにあたっては、雑誌やインターネットを使って、イメージに合ったカフェをチェック。そして、それらのお店の設計を手がけた業者を電話帳などで調べ出した。連絡をとった業者のなかには、物件探しに同行してくれるところもあり、何もわからない高橋さんは、いろいろなアドバイスを受けることができた。

出店を決めた馬車道エリアは、オーナーの高橋さんの地元である。みなとみらいと横浜スタジアムの間に位置するため、人の行き交いは少なくない。しかし、単なる通り道として利用されることが多く、一息つくようなお店は少なかったという。あっても、レンガづくりに代表されるような老舗店で、一見さんには入りづらい、敷居の高さがあった。

こうしたことから、高橋さんは、もっと気軽に立ち寄れるお店があっ

(右上)お店をオープンするきっかけとなった「タコライス」840円。
(右下)もっちりした食感がたまらない「ジャガイモのもちもちニョッキ」735円。
(左上)タコライスを調理中の高橋さん(奥さん)。

しっかりと食事ができる楽しくて驚きのあるメニュー

たら歓迎されるのではと考え、この地を第一候補に物件を探した。契約前には、朝・昼・夜と、時間ごとに店の前に立ち、通り過ぎる人の数を調査。数年後にはみなとみらい線が開通するという情報も知り、最終的に決断した。

毎日の積み重ねで得るお客さまからの信頼

何もかもはじめての高橋さんにとって、オープン当初は毎日が勉強。とくに接客の仕方には気を遣った。常連客のお馴染みのオーダーを覚えたり、話を合わせたりすることで信頼を勝ち取り、徐々に客数を増やしていった。

ところが、客の入りも落ち着いてきた1年ほどたったころ、近くにある大企業のオフィスがほかの街へ移転することになった。3000人ほど抱えていたその企業がいなくなることで、ランチタイムの来客数が激減することは必至だった。

お店づくりのワザを学べ！

空間を広く見せるコツは？

パーティも受け付けているため、客席を仕切ることはしない。そのかわり、テーブルとテーブルの間に観葉植物や棚を置き、別のお客さまと視線が合わないようにした。置いてあるものは、座ったときの視線に合わせた高さに設定。圧迫感を感じさせないように上部の空間を確保している。また、イスやテーブルはお店に合ったものをインテリアショップで購入。業務用ではないため、傷みやすいぶん、チェックやメンテナンスは欠かせない。

メニューの取捨選択のポイントは？

メニューは料理本や雑誌などで研究し、それを自分なりにアレンジする。ジャンルにとらわれず、自分がおいしいと思ったものだけを厳選して提供。ランチは週変わりメニュー2品、固定メニュー2品を用意。「1週間に1度は来てもらえるように」という、オーナーの考えから。

心をつかむ接客方法は？

リピーターがつくまではあれこれ悩むことも多かったが、「どうすれば来てもらえるか」を考えるより、「どうすれば快適に過ごしてもらえるか」の気持ちが大切だと知る。お客さまが一度頼んだオーダーは覚えておいたり、2人組のお客さまは、まず4人掛けの席に案内するなどして、少しでもくつろいでもらえるようにした。そうした「種まき」により、現在は約半数がリピーターとなった。

初期投資を低く抑えるには？

内装でできることは自分たちで行った。厨房器機は初期投資額を少なくするためリースにした。インテリアは手づくりを基本にして、購入するものに関しては「ケチったところはすぐにボロが出てしまう」ので、品質には十分な注意を払った。

開業資金の内訳は？

店舗取得費	4,000,000円
内装費（設備工事、インテリア、什器、厨房器機含む）	4,000,000円
運転資金	2,000,000円
合計	10,000,000円

手づくりできるものは手づくりするが、安っぽくならないよう、お金をかけることも大切。

HISTORY お店オープンまでの歩み

2000年8月
沖縄でタコライスを食べ、魅力を実感。タコライスを提供するお店として、カフェを開こうと決意。

2001年4月
勤めていた旅行会社を辞め、物件探しをはじめる。

2001年7月
新線が通る計画もあることから、現在の物件に決定。開店準備をはじめる。

2001年9月
27歳でお店をオープン。二人三脚で切り盛りする奥さんとは、学生時代からの付き合い。

illustrated

【図解でわかる人気のヒミツ】

厨房
広めのスペースに、余裕をもった配置で、動きやすさを確保。
レジカウンター
雰囲気を壊さないよう、高いカウンターとインテリアで作業場所を隠す。
背の高いものは置かず、天井の高さを生かした空間に大きな窓で開放感を演出。イスやインテリアは、違った種類のものを織り交ぜることで、緊張感が生まれるのを防ぎ、よりリラックスできる空間に仕上げている。
イス
いろんなイスを用意することで、違った座り心地を楽しむことができる。
大きなガラス窓
前面をガラスにすることで、開放感を演出。
ラック
雑誌やショップカードを置くとともに、間仕切りの役割も。

POINT
イスの配置だけでなく、チョイスにも気を遣う。空間と座り心地の両面から、くつろぎを実現させた。

「ポップだが落ち着いた」色調の組み合わせで、スタイリッシュな空間を実現

しかし、高橋さんは集客や回転数へのこだわりを捨て、お客さまの立場に立った接客に力を注いだ。そして、できることを優先した結果、ふたたびリピーターを増やしていった。

高橋さんは「エサまきではなくて、種まきが大切」という。目の前の利益や収入を追いかけるよりも、日々の積み重ねによって得られる信頼を大切にする。遠回りのようでも、結果として、そのほうがお客さまがついてきてくれることを、そのとき高橋さんは実感したという。

現在、開業から4年がたつ。「タコキッチン」をオープンするきっかけとなったタコライスは、いうまでもなく、お店の看板メニューとなっている。

「お金だけだったら、もっと別にもうかる仕事がありますよ」と高橋さん。「でも、カフェの仕事はそれだけじゃないんです。本当にお客さまが喜んでいる姿を見ると、こちらも楽しい気持ちになるんです」

t h e s h o p

カフェ タコキッチンの注目ポイント

ジャック・タチ監督の伝説のコメディ映画「ぼくの伯父さん」のポスター。フランスらしいお洒落でキュートな雰囲気は映画そのまま。お店が華やいだムードに。

ガラスには視線の高さに目隠しを取り付けて、道行く人たちの目線をカット。明るさ確保とプライバシー保護の両方を実現させた。

テーブルとテーブルの間には植物を置いて、視線がぶつからないようにした。圧迫感がないように、枝葉がまばらなものを選んだ。

ドリンクは、ビンやボトルのデザインがいいものを中心に仕入れる。そのため、見せる収納が可能になり、スペースの削減にもつながっている。

s h o p d a t a

カフェ　タコキッチン
住所／神奈川県横浜市中区常盤町5-72横浜通産ビル1F
TEL／045-228-2727
営業時間／11:30～24:00
(日曜・祝日12:00～22:30)
定休日／月 席数／24席
ランチ／11:30～15:00
※ドリンク付840円～
飲み物／全90種
食べ物／全28種
URL／http://tacokitch.hp.infoseek.co.jp

カフェ　タコキッチンオーナーからのメッセージ

リピーターを増やすには目先の利益より、信頼を得ることが大事。毎日の積み重ねそれだけが、近道です。

「お金がかかっても、プロに任せたほうがいいものもあります。ショップカードは手づくりを断念し、デザイナーに依頼。さすが違います」

アートにこだわるギャラリー系カフェ

多くの人に自分の作品を見てもらいたい――。
そんな熱い思いから実家を改造し、
誕生したのがこのお店。
白壁にかかる素敵な作品と
豊かな紅茶の香りが、
心安らぐ上質な時間をつくり出す。

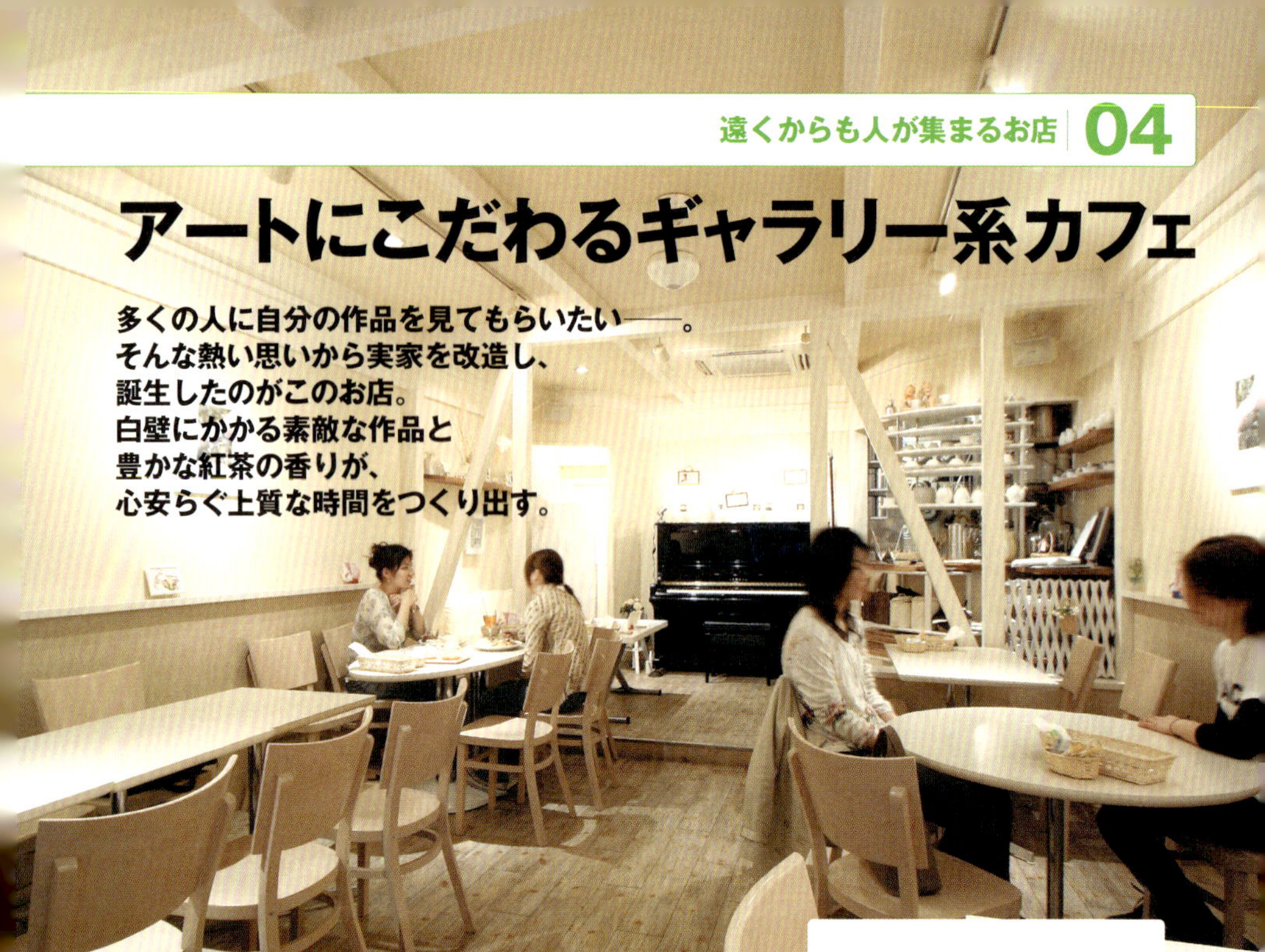

cafe La Vue Blanche
東京都江東区

素焼きのレンガとブルーのテントは、南欧をイメージさせる。住宅とオフィスビルが入り交じっている殺風景なエリアで、ここだけさわやかな風が吹いているようだ。店内は白を基調に、清潔感と安らぎ感を演出。

オーナーのこだわり

- …大量仕入れで上手にコストダウン。値段交渉にも妥協はしない。
- …食材を決して無駄にしない。仕込みや保存も合理的に行う。
- !!! …余計なものを一切排除して、作品の魅力を最大限に引き出す。

(右上)メニューは額に入れて、壁に飾るなど、店内の雰囲気を壊さないように工夫。/(右下)使用頻度の高い食器は、デザインに加え、強度も重視。長もちするものを選ぶことで、余分な出費を防いでいる。/(左)むき出しの柱も塗装でデザイン性高い仕上がりに。

実家を店舗にすることで 毎月の家賃支出をゼロに

レンガを積み上げた外壁に地中海を思わせるブルーの看板、そして白く縁取られたガラス扉。さわやかな外観はまさに南仏のイメージ。

店名の「Vue Blanche」とは、フランス語で「白い景色」という意味で、絵画の世界ではキャンバスのことをこう呼ぶ。

オーナーの原さんは、若いころ東京芸大を目指していたことがあり、いまでも時間があれば絵を描いているというほどの絵画好き。この店をオープンさせたのも、もともとは自分の作品をたくさんの人に見てもらいたいというのが動機だった。

「以前に、銀座のギャラリーで個展を開いたことがあるんですが、敷居が高いのか、コアな絵画ファンと知り合いしか来なかったんです」と原さん。だれでも気軽に入れるギャラリーとして思いついたのが、カフェだった。

出店を決意したときは、コンピューター関連の会社で働いていた。カフェのノウハウを学ぶため、仕事を辞めて、専門学校へ入学。そこで料理や経営、仕入れについての基本を身につけた。

同時に「昔から好きだった街」、吉祥寺を第一候補に物件探しをはじめた。だが、資金面で折り合うところが見つからず、断念。次に考えたのが、生まれてからずっと住んでいる自分の家だった。

あまりお洒落なイメージのない東京・江東区という立地にためらうところもあったが、何より家賃がかからずにすむ点は魅力だった。

「一番苦労したのが両親の説得でした。でも、反対されても僕の決意は変わらないし、そんな僕の気持ちを汲んでくれた近所の人たちが、説得に協力してくれたんです」

作品の雰囲気を壊さないよう 余分なものを排除

店内はフローリングの床に、天井

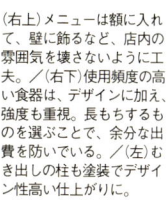

(右上)一番人気の「チーズオムライス」(ドリンク・デザート付き)980円。／(右下)「チーズケーキセット」650円は、6種類の紅茶から好きなものひとつ選べる。／(左上)「ブラウンソースの手作りハンバーグ　ポーチドエッグ付き」(ドリンク・デザート付) 1,200円。／(左下)夜になると、温かな店内の様子が浮かび上がり、昼間とはまた違った顔を見せてくれる。

ソースを変えることで定番でも飽きのこない味に

と壁を白で統一。住居の名残りである大黒柱もわざと隠さずに見せることで、あらかじめデザインされた設計のように思わせている。

照明はレール式のスポットライトを採用し、作品をどこに飾ってもライティングできるようにした。厨房は、ガス台を奥に引っ込めるなど、作品を傷めてしまわないように配慮した。

これらはすべてオーナー自身が考えたもの。「作品の邪魔をしないようシンプルに」を基本に、パソコンの立体画像ソフトを使用して、実際の店舗をイメージしながらレイアウトを作成。3次元で考えることにより、具体的で、現実的なデザインを考えることができたという。

何度も練習を重ねた自信作だけを提供

お店の看板メニューは、「小さいころからよく料理していた」というオムライス。完成させるまでには、何千という卵を無駄にした。そんな

お店づくりのワザを学べ!

アートを生かすためのポイントは?

壁や空きスペースはギャラリーとして作品を展示するため、飾り付けはしない。そのほかのスペースでも、色、サイズ、音など、作品鑑賞の妨げになるようなものは一切置かない。

食材選びで工夫していることは?

トマトは、オムライスにもハンバーグにも、パスタにも使える「Vue Blanche」の基本食材。いろんなメニューに使える食材の割合を多くして、廃棄する量を少なくしている。クズ野菜や切れ端などは、スープの元として再利用。保存のできるものは一度に大量に仕込んで、その日使うぶんだけ解凍している。

仕入れ先の数はどのくらい?

オープンからまだ2年ほどだが、いまの仕入れ先は5社目。「より条件のいい会社を求め続けた結果」だと原さんはいう。缶詰めや調味料など保存の効くものに関しては、大量に仕入れて値段を安く抑えている。紅茶の仕入れは、調べたり人から教わったりしたなかから、自分の舌で判断した。料理に合うのはもちろん、お店のイメージも考えて選んだ。

自宅をお店にしたことのメリットは?

何といっても家賃がかからないこと。「Vue Blanche」と同じ、江東区で15坪ほどの店舗を借りた場合、家賃はおよそ20万円から30万円になる。また、自宅を改装した店舗のため、収納や倉庫など、保管場所には困らない。通常の店舗では不可能な大量仕入れができるのも、大きなメリットだ。

開業資金の内訳は?

自宅改装費	7,000,000円
電気工事費	2,000,000円
什器・厨房器機取得費	3,000,000円
運転資金	2,000,000円
合計	14,000,000円

(上)スタッフ全員に配られる、名刺代わりの似顔絵カード

HISTORY お店オープンまでの歩み

2002年1月
絵画好きであったことから、ギャラリーを兼ねてカフェをやろうと決意。

2002年6月
勤めていたコンピュータ関連の会社を退職し、物件探しをはじめる。

2002年7月
カフェの専門学校へ入学。

2002年8月
自宅改装を決意。工事打ち合わせ開始。食器、インテリア、仕入れ先などを探す。

2003年1月
オープン。

i l l u s t r a t e d

【図解でわかる人気のヒミツ】

作品を展示する場所は、厨房やレジカウンターのスペースを削ることで、広さを確保した。スポットライトは移動できるようにし、合理的に店内全域をカバー。

展示スペース

両側の壁と、ピアノの上など、十分なスペースを確保。

ステージ

ソファ席前のスペースは、ステージとして使用することも。

入り口

通りに面した壁を一面ガラスにすることで、開放感をアップ。

厨房

ギャラリースペースを侵害しないよう、コンパクトに設計した。

客席

整然と並んだ客席は、内装に合わせたシンプルなデザイン。

POINT

客席に座った人の目線より作品を高く設置することで、さえぎるものがなく、どこからでも鑑賞しやすいようにした。

シンプルな内装を追求し カフェとギャラリーをうまく同居させた

練習を積み重ねた結果、「チーズオムライス」「カニデミオムライス」など、厳選した5種類を提供する。

そのほかにも、自家製ブラウンソースが人気のハンバーグや、パスタ、サンドイッチなど、20種類ほどの食事メニューを用意した。どれもボリュームは十分で、男性からの人気も高い。

ドリンクメニューは、「ダージリン」「アールグレイ」「キャラメルカスタード」など、紅茶のみ6種類。茶葉は紅茶好きのオーナーが惚れ込んだ、田園調布の「TEEJ（ティージュ）」から仕入れている。

どこで噂を聞きつけたのか、いまではランチタイムともなると、若い人からお年寄りまで、自慢のオムライスを求めてやって来る人で満席状態になる。

「地元客ばかりだと思っていたのにうれしかったですね。これからももっとたくさんの人に来てもらいたいです」

t h e s h o p

cafe La Vue Blancheの注目ポイント

壁には絵画やイラストを展示。オススメメニューを作品ふうにアレンジすることで、雰囲気を壊さないよう配慮している。

ピアノはときおり開かれるクラシックコンサートで使用。ふだんは展示スペースとして利用している。

いまは主に女子美短大の生徒たちの作品を中心に展示している。この日は、象嵌作家の峰崎裕美さんの作品を展示。

パソコンでレジシステム、タイムカード、仕入れ・在庫状況などを管理することで、空間とコストの節約を行っている。

s h o p d a t a

cafe La Vue Blanche
住所／東京都江東区東陽5-25-13
TEL／03-3647-3405
営業時間／11:00～22:00
定休日／土・日・祝
席数／27席
食べ物／オムライス5種880円～、ハンバーグ4種1,200円～、パスタ5種750円～
個展使用／月～金30,000円
URL／http://homepage3.nifty.com/VueBlanche/

cafe La Vue Blanche オーナーからのメッセージ

作品に対する思いやりはもちろんですが、カフェオーナーとして食事やドリンクなどメニューづくりにもこだわりが大切です。

「オープン前はわからないことだらけ。気分転換に料理番組やドラマを見ていたんですが、それがメニューづくりなどに、大いに役立ちました」

遊び心いっぱいの異空間カフェ

「自分の好きなこと」を追求した
オーナーのおもちゃ箱。
飲食店はこうあるべき――
そんな型にはまった考えは
すべて取り払って、
インテリアも、メニューも、
心から気に入るものだけを集めた。

★mashman's★cafe★
東京都豊島区

赤を基調に原色を生かしたインパクトのある店内。観葉植物のアクセントが効いて、どことなくアジアンリゾートのような雰囲気を醸しだしている。見た目の印象よりもずっと、リラックスできるスペースとなっている。

オーナーのこだわり

- …とにかくほかにはないお店づくりを目指して、強い色を選択。
- …何時間でもいられるような、居心地のよい対応。
- !!!…趣味を全面に押し出して、自分らしさをアピール。

（右）カフェらしからぬ座敷席。ちょっとした個室間隔でも使える。／（左上）ドリンクはカップではなく湯呑みで出している。気取らずにくつろいでほしいという寺崎さんのアイデア。／（左中）ふぞろいのイスやテーブルは、すべてオーナーの手づくり。／（左下）オーナーの趣味を反映したアイテム群。誕生日にはオリジナルソングのサービスも。

常識にとらわれない テーマパークのような空間

「ヘンテコカフェへどうぞ」と書かれた手づくりの赤い看板。階段を上ってすぐ目に入るのは、メニューがぎっしり書き込まれた大きな防火扉。これらの一風変わった演出が、店へたどり着くまでのわずかの間に、いろいろな想像を膨らませてくれる。

2階へ上り、いざ店内へ。扉を開けると、およそカフェにはあり得ない、一面真っ赤に塗られた空間が広がる。壁や天井には、レコード、CD、写真、文集、空きビン、アクセサリーなど、おびただしい数のアイテムが飾られ、その賑やかな様子は、まるで手づくりのテーマパークのよう。

ゲートをくぐれば夢の世界が広がり、ただその場にいるだけで楽しい――。そんなお店づくりを、オーナーの寺崎さんは目指している。

オープンは、寺崎さんが36歳のとき。20代のころは音楽活動に明け暮れたが、プロデビューという夢はかなわないまま挫折。28歳にして生まれてはじめて会社に勤めた。

その後、33歳でレストランチェーンの会社に転職。そこで、カレー、パスタ、アジア料理など、さまざまな料理の経験を積んでいった。2年目には店長へ昇進したが、「このままいくと、何も変わらず年をとってしまう」との思いから、独立を決意した。

「どうしたら人に受けるか」を考えて挫折した音楽活動の教訓を生かし、「自分の好きなことをやる」をコンセプトに、開店の準備をはじめていった。

池袋は、若いころ路上ライブをしていた思い出の場所。2階だが、駅

(右上)「マッシュマンのタコライス」900円。／(右下)「抹茶ときなこのラテ」500円と、「マッシュマンの恋心」600円。／(左上)シーフードのパスタ「秘伝チャイナあんかけ」950円。／(左下)ボリュームたっぷりの「エビと半熟卵のタルタルサラダ」700円。

バリエーションとネーミングで舌と頭を楽しませる料理

から徒歩4分にある現在の場所を見つけたとき、ひと目で気に入った。

「ここの大家さんは、飲食店を嫌がってたんです。でもあきらめきれなかったので、気持ちを一生懸命伝えました」

寺崎さんの熱い思いが伝わり、店舗が決まった。

「日替わりランチ」で修行 好評なものを定番メニューへ

お店は「ランチタイム」「午後のお茶タイム」「お酒とお食事タイム」の3部構成。ランチは日替わりで、ご飯もの2品、パスタ2品を用意している。お茶タイムには500円でデザートとドリンクを、夜はアルコールと50種以上の食事メニューを、それぞれ提供している。

ジャンルは問わず、オーナーがおいしいと思ったものをメニューにしている。

「日替わり」で融通が利くことから、ランチタイムは、新しいメニューを

お店づくりのワザを学べ!

店づくりで心がけていることは?

「音楽をやっているときは、人に受ける曲をつくろうとして失敗したんです。だから今度は好きなことをやろうと思いました」と寺崎さん。インテリアについてはとくにテーマがあるわけではなく、すべてオーナーの趣味を反映したもの。自分が好きだと思ったものだけをそろえている。

リピーターを増やすための工夫は?

隙間なく並んでいるアイテムのなかには、アクセサリーや詩集、写真集など、お客さまの作品も数多く含まれている。小物類は販売もしていて、詩集などはだれでも閲覧が自由。このシステムは、あるとき、お店で詩を書いているお客さまにオーナーが声をかけたのがきっかけだったという。「お客さまの作品を通じて、お店とお客さまとの関係を深めていこうと思ったんです」。オーナーが思い描くのは、気軽にくつろげるお店。それを実現させるためには、お店側から発信するだけでなく、お客さまにも参加してもらって、はじめて可能になる。寺崎さん曰く「お客さまがつくるお店でありたいんです」。

厨房をつくるときに気をつけたことは?

物件が決まる前から、厨房の間取り図を考えていたという寺崎さん。つくりたい料理とおよその来客数を考えて、必要な設備を事前にチェック。前職の経験から、たとえ満席時でも、すべてのオーダーをこなせる自信があった。それには料理を同時進行させるため、コンロは5口にこだわった。また、コンロの隣に水場を設け、使い終わったフライパンをすぐ洗えるように配置。こねる・切る・盛り付けるなどの作業場と、スタッフ同士がぶつからないだけの空間をしっかりと確保した。

開業資金の内訳は?

店舗取得費	5,000,000円
電気・空調工事費	2,000,000円
厨房設備費	5,000,000円
インテリア取得費	0円(すべて手づくりのため)
合計	12,000,000円

店内には「らくがき帳」も用意。お客さまが思い思いのことを書き連ねている。

HISTORY お店オープンまでの歩み

1994年 音楽でプロデビューを目指すが挫折。人生初の就職。

1999年 レストランチェーンに就職。

2001年4月 店長へ昇進したが、カフェでの独立を決意。

2001年6月 食器類の買い出し。イスづくり。

2001年10月 メニューづくり。

2002年1月 物件探しをはじめる。

2002年3月 池袋に物件を決定。工事開始。

2002年6月 オープン。

illustrated

【図解でわかる人気のヒミツ】

手づくりのイスやテーブルは、大きくてがっしりした造り。テーブル、カウンター、座敷と、タイプの違う座席を用意して、いつ来てもゆっくりくつろげるように気を配った。

お客さまコーナー

詩集、文集、写真集、アクセサリーなど、その種類は多様。

お座敷

お座敷は「長時間くつろいでほしい」というオーナーの考えから。

入り口前のメニュー

大きな防火扉にぎっしり書かれたメニューは圧巻。

テーブル席・カウンター席

用途や人数などに合わせて使い分けることができる。

POINT

22坪のスペースに座席数が34。手づくりのイスは、サイズが大きめで、満席でもゆったりとくつろげる。

ふぞろいのイスやテーブルに手づくりの温もりを感じながら気取らずにくつろげるお店

試す場にもなっている。そこで好評を得たものは、夜のメニューに追加したり、ふたたびランチに登場させたりする。

夜はお酒を飲む人が多いので、食事メニューを短時間で効率よく出す工夫も欠かせない。手の空く時間帯に食材を1人前ごとに小分けしておくなど、時間と手間の節約に心がけている。

また、ストローや紙ナプキン、割り箸などは置いていない。それぞれのテーブルには、備え付けの箸とスプーン、フォークが置いてある。消耗品を使用しないことで無駄をなくすとともに、ゴミを出さないなど環境へも配慮してのことだ。

「お客さまの『好き度』にこだわりたいんです。僕の趣味が全面に出ているお店なので、ハマる人はとことんハマる。もっとそういうお客さまが増えてほしいですね」

オーナーの趣味に共感できる人にはこれ以上ないカフェといえる。

t h e s h o p

★mashman's★cafe★の注目ポイント

窓際にはカウンターを設置し、ひとりで考えごとをしたい人が使いやすいようにしている。

動きを考えてつくられた厨房。メニューによって生じる作業を考えて、人がすれ違うことができるスペースも確保した。

真っ赤なライトで照らされるあやしさ満点の洗面所。スペースを広めにとってあるのもうれしい。

お客さまの作品の持ち込みOK! 持ち込むのは若い人が多い。販売する場合、売り上げの2割を店へ支払う。これがきっかけで仕事がきたお客さまも。

s h o p d a t a

mashman's cafe
住所／東京都豊島区東池袋1-39-20慶太ビル2F
TEL／03-3986-1393
営業時間／11:30～23:30
定休日／なし
席数／32席
ランチ／11:30～15:00
※日替わり4品 サラダ・ドリンク付各850円
URL／http://www.geocities.jp/mashmanscafe

mashman's cafe オーナーからのメッセージ

音楽でも、カフェでも、好きなことだったら自信を持ってやれる。だから、背伸びをせず好きなものだけを集めたんです。

「長居大歓迎。店内に『長居記録』というのを貼り出しています。最長記録はなんと開店から閉店まで。ぜひチャレンジを」

本格的なギャラリースペースを持ち、
アート・ミニ・マガジンも発行。
男女２人の共同オーナーが、
もともとカフェだったお店を受け継ぎ、
自分たちにしかできないことを
実現しようとしている。

アーティストがつくる ギャラリー＆ブックス・カフェ

そのままギャラリーとして使用できそうな1階のカフェ。作品が引き立つように壁、テーブルなどを白系で統一している。2階はギャラリーの専用スペースで、天井高も十分にある。展示作品の鑑賞だけの入店も可能だ。

appel
東京都世田谷区

オーナーのこだわり

…2階は本格的なギャラリーとして、
1階は気軽に作品を鑑賞できるスペースとして分けた。
…豆にもこだわり、自家焙煎。
ソフト、ストロングの２種類を提供している。
!!! …小冊子「appel」などの発行を通じ、
より多くの人とのつながりを大事にしている。

（右）ユニークなデザインの「OPEN」のサイン。／（左上）店内が見渡せ、開放的な印象を与える大きなガラス窓と扉。／（左下）ギャラリーカフェらしく、美術、デザインからサブカルチャーなどの雑誌を置いている。

作品展示の場であるとともに アートへの関心を広げる場として

現代アート展示のほか、ライブやアート講座も開けるようになっている「appel」（アペル）は、TATTAKAさんと泉沢儒花さんが共同経営するお店だ。1階は大きな窓のあるカフェで、コーヒーや自家製ケーキを味わいつつ、壁に展示された作品鑑賞ができるほか、ハシゴのような階段を上ると、2階は約11㎡の独立した本格的ギャラリーになっている。

そして、カフェを経営する2人はソロでの作家活動と並行し、〈Bit Rabbit〉という名のビジュアル・ユニットとしてグラフィック・デザインも行っている。そのせいもあって、ギャラリーの機能についてはつくり手ならではの考え方がうかがえる。

ギャラリーを運営する以上、つくり手に機会を与えるだけでなく、作品を発表したいと思わせる場でなければならない。魅力的に作品が見えるように努力するとともに、DMの配布など、告知にも力を入れている。

「企画展では、地味でもいい作品をつくる中堅の作家さんをきちんと紹介していきたい。それに話題性があり、美術に刺激を与えてくれるような面白い人にも注目していきたいですね」と泉沢さん。不定期ながら、定休日の金曜夜には、専門講師を呼んで現代アートの講座を開くなど、初心者にはとっつきにくい現代アートを楽しく学べる催しも行っている。

「美術愛好者の裾野を広げるのが大前提ですが、カフェが添え物になるのは避けたいですね。やっぱりコーヒーがおいしくないとお客さまに来てもらえませんから」

(上)「マフィンサンド」400円は、ハム、クリームチーズ、クレソンをはさんだもの。写真の奥は「キャラメルケーキ」350円、「コーヒー」400円。
(右下)小冊子「appel」は、地方・小出版流通センターと取り引きし、全国の書店で手に入れることが可能。
(左下)店の前に、何気なく置かれたメニュー看板。ケーキは「ほぼ日替わり」、カレーの調理は外注しているとのこと。

コーヒーに合う食べ物が充実 力作ぞろいの小冊子も必見!

好評を博した 2人ではじめた小冊子

〈Bit Rabbit〉は1999年4月、小冊子「appel」を発行。それ以来、現在も、美術家や詩人の作品発表、寄稿、気鋭の作家インタビューなど、1号1特集という独自の視点による編集で不定期に発刊を続けている。創刊時からしばらくは500部を発行していたが、4号で美術評論家の椹木野衣特集を組んだところ大好評で、1500部を売った。

「もともとフリーペーパーが好きでした。しかし、デザイン性よりも、きちんとテーマを設け、読ませるものにしたらどうだろうと」

毎号誌面はびっしりと文字で埋め、はがきサイズとは思えない、読み応え十分な内容が受けたようだ。

カフェを開こうと思い立ったのは、この冊子が広く一般にも知られるようになったころのことだ。

グラフィックデザインを中心とした活動をしていた〈Bit Rabbit〉の

お店づくりのワザを学べ！

ギャラリーの提供方法は？

1階の壁面はカフェの営業に支障のないものに限られるが、2階の専門ギャラリーでは絵画、写真などの平面作品のほか、彫刻やインスタレーションの作品発表の場としても利用できる。ただし、趣味のサークルなどの場合は対象外にしているほか、ギャラリーの方向性に合致するか過去作品による審査を行っている。

利用料金は、1階のみ3万円、2階のみ8万円、1〜2階は10万円（土曜から2週間・金曜休）。また、DMやチラシの制作は、複雑な作業が発生しない場合、1000部で2万円（印刷、デザイン料など込み）から受け付けている（05年7月現在）。

お店づくりのポイントは？

前身のギャラリーカフェの内装を基本に、壁やテーブルをはじめ白で統一している。ギャラリー専用スペースの2階とは差別化しようと、階段下のデッドスペースをブックコーナーとして活用。「清潔感を壊さない範囲で、空間に変化をつけることを考えました。装飾のための装飾になると、空間がごちゃごちゃとして、むしろ落ち着かないと思います」（TATTAKAさん）

営業時間は、2005年より平日15時から21時までに変更したが、2人とも作品制作グラフィック・デザインなどの仕事を並行しており、ゆとりを持った対応を可能に、との判断からである。

役割分担はどうしているの？

2人の協力体制になっているが、ギャラリー展示の企画、渉外などはTATTAKAさんを中心に、デザインワークとショップ関連の管理は泉沢さんを中心に担当している。

厨房内では、TATTAKAさんがロースターを操作。前オーナーから習ったという自家焙煎コーヒーのソフト、ストロング（各400円）の2種類を提供している。ケーキや料理は泉沢さんの担当で、ほぼ日替わりケーキ（350円）、土・日のみのカレー（750円）などが好評だ。週末にはアルバイトを頼んでいる。

開業資金の内訳は？

店舗取得費（保証金）	約2,500,000円
什器・備品費	
イス・テーブル費	350,000円
塗装・修繕費	300,000円
レンジ・消耗品費	500,000円
仕入れ費	200,000円
合計	約3,850,000円

2人のユニット〈Bit Rabbit〉のかわいいキャラクター。

HISTORY お店オープンまでの歩み

1997年
TATTAKAさんと泉沢さんにより、ビジュアルユニット〈Bit Rabbit〉結成。

1999年4月
小冊子「appel」創刊号の発行。現在も活動の核として制作を続ける（05年5月現在、9号）。

2001年4月
小冊子「appel」4号・特集・椹木野衣発行。美術系冊子として認知が高まる。同じころ、現物件について前オーナーより打診を受ける。

2001年半ば
開店準備。カフェめぐり、什器検討、資金繰りなど。

2002年1月
ギャラリー&ブックス・カフェとして、オープン。

i l l u s t r a t e d

【図解でわかる人気のヒミツ】

もともとアーティストであるTATTAKAさんと泉沢さんがこだわったのは、作品を発表できる場だった。自分たちだけでなく、より多くの人にも参加してもらうことで、何か面白いことができるのでは？
それを実現するための空間としてカフェを選んだ。

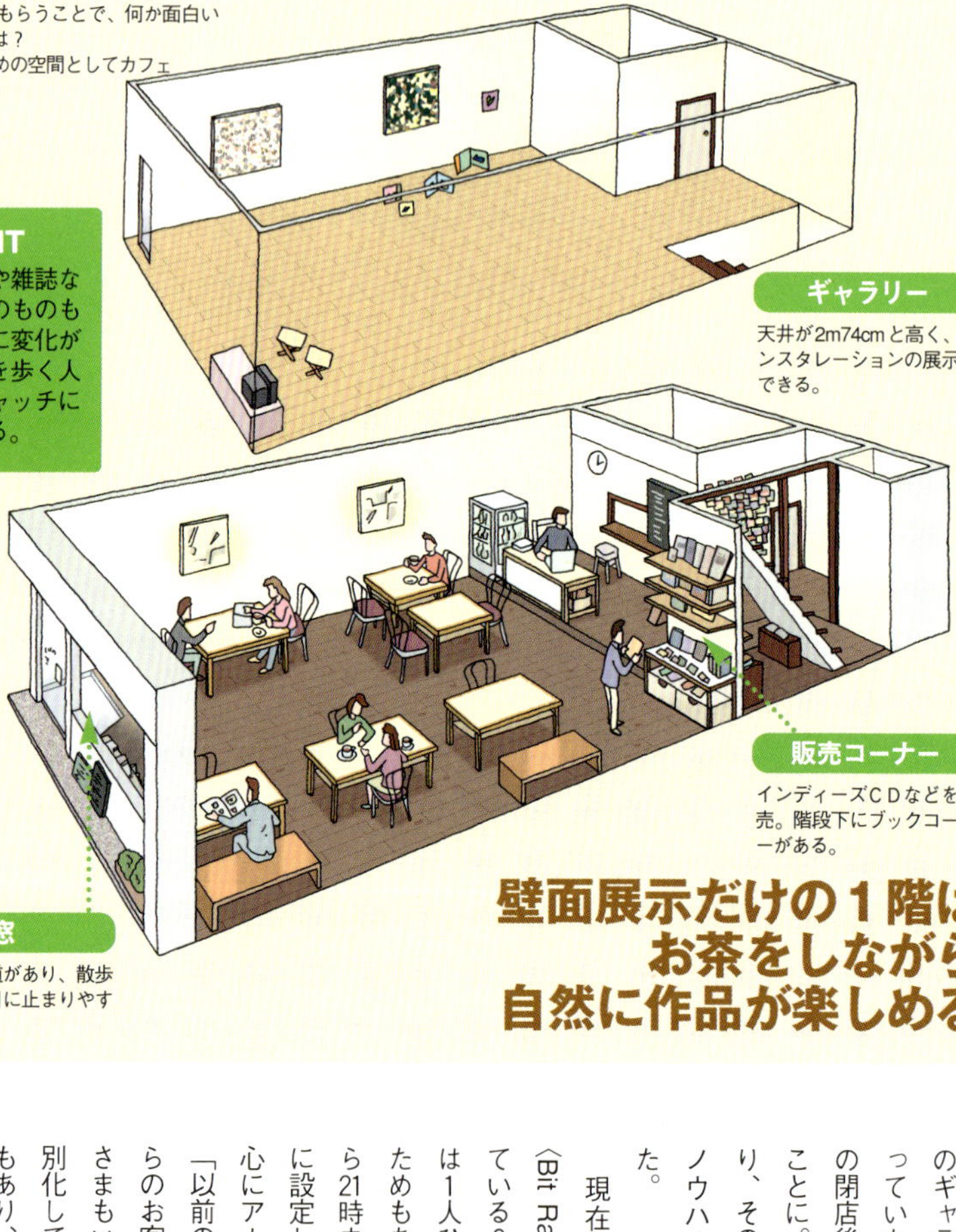

POINT
1階には本や雑誌など作品以外のものも陳列。空間に変化がつき、歩道を歩く人へのアイキャッチにもなっている。

ギャラリー
天井が2m74cmと高く、インスタレーションの展示もできる。

販売コーナー
インディーズＣＤなどを販売。階段下にブックコーナーがある。

窓
向かいに緑道があり、散歩中の人にも目に止まりやすい。

壁面展示だけの１階はお茶をしながら自然に作品が楽しめる

2人は、TATTAKAさんが前身のギャラリー・カフェに10年程度通っていたこともあり、後にそのお店の閉店後、縁あって店舗を引き継ぐことに。泉沢さんも開店準備にあたり、そのオーナーよりカフェ経営のノウハウを習いオープンにそなえた。

現在はカフェの経営と併行し、〈Bit Rabbit〉としての仕事もこなしている2人だが、アーティスト活動は1人ひとりが独立して活動。そのためもあり、営業時間は平日15時から21時まで（土日は13〜21時）と遅めに設定している。しかし、2人を中心にアートの輪は広がりを見せる。

「以前のギャラリー・カフェ時代からのお客さまも、新しくできたお客さまもいます。以前のお店とどう差別化していくか。それがジレンマでもあり、難しかったところです」

一般客だけでなく、作家や編集者との付き合いもお店をやっていく楽しみのひとつという。「人とのつながりが一番の財産になっています」。

t h e s h o p

appel の注目ポイント

厨房でコーヒーを淹れる泉沢さん。自家焙煎の豆を挽き、1杯1杯ペーパードリップで抽出する。

まるでハシゴのような階段の下は、狭いながらもアーティストブックなど本を陳列。暗くならないよう照明を設置している。

カウンターはオーディオ機器などを収納するほか、TATTAKA さんのパソコン卓などとしても活用。

窓が大きいので通行人から店内が見通せることもあり、本やＣＤなどの販売をしている。

s h o p d a t a

appel
住所／世田谷区経堂5-29-20
電話／03-5426-2411
営業時間／平日 15:00～2100、土日 13:00～21:00
定休日／金
席数／14席
イベント開催／金曜（定休日）に不定期開催
飲み物／自家焙煎コーヒー（400円）ほか 8 種
食事／週末のみカレー
URL／http://www.bit-rabbit.com/

appel オーナーからのメッセージ

結果がすぐに出るものじゃないから、自分が楽しめることが大事です。何がしたいか、初心を失わずに続けてほしいですね。

「経営面ばかり追い求めていると、自分が楽しむ余裕がなくなってしまいます。続けていくのが、キツクなると思いますよ」

木造アパートを再生した カレー自慢のカフェ

東京の下町にある
古い木造アパートを改築。
味わい深い風情を残した店内で
本格カレー料理を味わう
くつろぎのひととき。

SPICE cafe
東京都墨田区

フローリングと土壁、木製家具が見事に調和した店内はどこか懐かしい雰囲気で、はじめて訪れても落ち着ける。新建材を使用せず、カラダにも、自然にもやさしいお店を実現。古いアパートを見事に再生した。

オーナーのこだわり

- !!! …昔の名残りがただよう、古くて新しい空間。
- …世界を食べ歩いたシェフがつくるのは こだわりのインドカレー。
- …客席を一望できるキッチンのレイアウト。

(右)重厚なテーブルに腰掛けると、ガラス窓越しの日光が目にやさしい。／(左上)民家脇にある、よしず張りの入り口。一見しただけではお店とは気づかない。／(左中)厨房内はモダンなタイルで飾るとともに、最新の設備でオーダーに備える。／(左下)店の周りにはハーブや草花が。料理には摘みたてハーブを添える。

いわれて気がついた木造アパートの魅力

民家の脇にあるよしず張りの細長いアプローチをくぐっていくと、ヒバや杉などを貼り合わせた味のあるドアが見えてくる。店のまわりを囲うように、色とりどりのハーブや草花が咲き乱れている。ここは荒川と隅田川にはさまれた住宅街。下町の雰囲気を色濃く残すこの一画に、隠れるように佇んでいるのが「SPICE cafe」だ。

もともとは、オーナーの伊藤さんの実家で、「藤美荘」という築40年以上の木造2階建てアパートだった。カフェを開こうと思い、物件探しに奔走するが、いい物件が見つからない。そんなとき、アパートを見た友だちの「面白い」の一言で、はじめて実家のもつ魅力に気がついた。「住んでるとわからないものですね」と伊藤さん。「立地が悪い」という理由から融資を断る金融機関もあったが、最終的にその魅力を取ることにした。

内装工事は、コストを下げるため、設備工事以外はすべて自分の手で行った。6畳の部屋が2つと9畳の部屋が1つ、それに共同の厨房とトイレがあったが、6畳の1部屋をギャラリーとして開放。残り2部屋をぶち抜いて客席スペースに。厨房はもとあった場所に新しく設置し直した。2つあったトイレは、仕切り壁を壊して、1つの広い個室とした。

1人ではじめた解体工事は、3カ月費やした。古畳はそのまま捨てることができないので、インターネットや電話帳で調べて、一番安いところに依頼。廃材は近所の銭湯に頼み、燃料

(上)夜の「カレーコース」は、前菜、カレー、デザート、コーヒーがセットになって2,000円。／(右下)「自家製くるみパン」100円。／(左下)前列左から「野菜カレー」「チキンカレー」。後列左から「トマトとほうれん草のココナツカレー(日替わり)」「ラムカレー」。

世界中から厳選された本格派カレーコース料理

として無料で引き取ってもらった。

壁は左官屋さんに指導してもらいながら、手伝いにきてくれた友だちとともに塗っていった。近所の日本家屋が解体されるというのを聞きつけて、化粧梁や柱をもらい、カウンターやイスとして再利用。厨房のタイルは、タイル業者に貼り方を教わった。

こうして一つひとつ自分たちの手で店をつくり上げていった。

世界中を食べ歩いてたどり着いたのがカレー

「SPICE cafe」の名のとおり、ここのメインはカレー料理。だが、他店と違うのは、インドカレーにデザートやコーヒーをセットにした、カレーのコース料理であるという点だ。

伊藤さんがカレーにこだわったのは、3年半に及ぶ世界旅行がきっかけ。いつか飲食店をやりたいと考えていた伊藤さんは、世界中の料理を食べに、会社を辞めて旅に出た。帰国後、イタリア料理店やインド料理

お店づくりのワザを学べ！

客席数はどうやって決めた？

いたずらに客席を増やすことで、サービスがおろそかになってしまうことを避けた。

もともと3部屋あったアパートの2部屋を客席として利用。しかも大きめのテーブルで、レイアウトは余裕たっぷり。お客さまへ対する気配りを第一にした。行き届いたサービスを提供するため、いまのところ客席を増やす予定はないという。

メニューづくりで心がけたことは？

わざわざ食べに来てくれる人のことを考えて、家庭では味わえない「非日常」を提供することをコンセプトとした。

メニューづくりは物件が決まる前からはじめていた。世界中の国々やレストランでの修業経験を生かして、自分がおいしいと思ったものを選んだ。友だちを呼んで食事会を開催し、そこでの意見を参考にして、メニューを決めていった。

インテリアで工夫した点は？

古いアパートの魅力を最大限に利用。床はフローリングにして、モダンで自然な雰囲気を出した。また、壁の一部を丸くくり抜いて、月窓をつくった。玄関扉はヒバや杉などを貼り合わせた温もりあるデザインに。入り口の三和土はコンクリートではなく、土や石灰などを混ぜた、昔ながらの素材で仕上げている。

そのほか、化粧梁を設置し、エアコンを天袋に隠すなどして、店内の雰囲気を壊さないように工夫した。

厨房のつくりはどうなっている？

玄関を入って正面にあった共同厨房。ここにカウンターを付けてオープン厨房にすることで、入り口のお客さまの顔が見えるようにした。

また、ガスコンロは客席から離れた位置に置き、安全性を確保。もっとも多くの時間を費やす盛り付け台は、店内が見渡せる場所に設置し、作業と接客を合理的に行えるようにした。

開業資金の内訳は？

店舗取得費	0円
内装工事費	0円
厨房・その他の設備費	2,000,000円
材料費	1,500,000円
運転資金	500,000円
合計	4,000,000円

壁、廊下からトイレにいたるまで、古い木造アパートの利点を生かした古民家ふうの味わい。

HISTORY お店オープンまでの歩み

1994年
会社を辞め、世界旅行を3年半。各国料理を食べ歩く。

1997年
帰国後、イタリア料理店、インド料理店などで5年間、修行を積む。

2002年10月
開業を決意し、レストランを辞める。食事会などを開き、メニューを研究。

2003年2月
友達の一言から、実家の木造アパートを店にすることを決意。

2003年4月
アパートを改装。

2004年11月
オープン。

i l l u s t r a t e d

【図解でわかる人気のヒミツ】

スペースは広く、ゆったりとくつろげるように。インテリア類は、古民家の解体現場からもらってきた廃材を利用。材料費を浮かすとともに、古材の味わいで、雰囲気づくりにも役立った。

厨房
作業中でも店内を一望できるようにレイアウト。

ギャラリー
もとの6畳部屋をギャラリースペースとして開放。

旧押し入れ
壁を取り払わずに、客席スペースとして活用。

柱・壁
古い木材を生かして、味わい深く仕上げた。

POINT
古い家屋を生かした内装で、落ち着きの空間を実現。客席はスペースを確保して、よりくつろげるようにした。

古民家の古材や建具を再利用。自然素材ですべてを手づくりした環境にやさしい空間

店などで修業を積んだ後、独立を決心する。

お店のコンセプトづくりにあたって、着目したのは世界中で食べられているカレーだった。コースが充実しているフレンチやイタリアンにくらべて、カレーのふるまい方は画一的で、まだまだ楽しみ方が残されていると考えた。

そこで、デザートや前菜などのイタリア料理店での経験を生かし、カレーのコース料理をはじめてみることに。専門店ではなく、カフェという形態にこだわったのは、肩肘張らずに本格的なコース料理を楽しんでもらいたいと思ったためだ。

メニューの研究では、知人と食事会を開き、意見を集めた。

カレーに前菜、自家製デザートに自家製ソーセージなど、レストラン並みのメニューのため、オープン当初は仕込みだけで精一杯だった。現在も、毎日半日ほど仕込みに費やし、本格的な味を追求している。

t h e s h o p

SPICE cafe の注目ポイント

壁の一部を丸くくり抜いて、月窓をつくった。ライトを当てたときに、向こうの壁に丸い光が浮かび上がる仕組み。壁の土台として編み込んである竹がシルエットとなって、いい味を出している。

燻された色合いが魅力の化粧梁は、古民家の解体現場からもらってきたもの。

千本格子の戸はオーナーの祖母の家にあったものをそのまま利用。

それぞれの部屋の壁を取り払い、客席スペースを1フロアにまとめた。そこにあえて押し入れを残すことで、雰囲気にアクセントをつけることができた。

s h o p d a t a

SPICE cafe

住所／東京都墨田区文花1-6-10
TEL／03-3613-4020
営業時間／ランチ11:45～16:00、ディナー18:00～22:00（L.O.21:30）
定休日／月・第3火
席数／19席
食べ物／カレーはチキン（辛口）、ラム（辛口）、野菜（甘口）、本日のカレーから選択
URL／http://www.spicecafe.info/

SPICE cafe オーナーからのメッセージ

カフェにわざわざやってくるのは日常のなかの非日常を楽しみたいから。家庭では味わえない時間と空間を提供しています。

「せっかく来てくださったお客さまに、来てよかったと思えるサービスを提供したい。その思いが店の個性になっていくんだと思います」

焼き菓子と天然酵母パン、羊にこだわった路地裏のカフェ

**駅の近くにありながら
イギリスの田舎で見かけるような
ティーハウスを再現した
路地裏のお店。
2004年に
カフェスペースを加えて
リニューアルオープン。**

三月の羊
東京都杉並区

アンティーク調の店内は、どこか懐かしくてほっとするような雰囲気。いろんな形のパンやお菓子が並ぶショーケースは、見るだけでも楽しませてくれる。

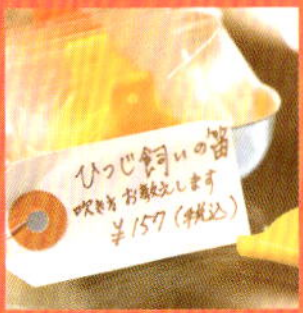

オーナーのこだわり

- …アンティーク家具をそろえて、温もりの空間を演出。
- …時間の無駄を省くため、シンプルで必要最小限の対応を心がける。
- !!! …お菓子やグッズなど、羊にちなんだ商品で、「羊のお店」として認知。

(右)羊をテーマにした商品が特徴。写真はプレーン生地にレーズンが入った「ひつじパンDX」1,400円。／(左上)路地の入り口に掲げられた「羊とびだし注意」の看板。「ユーモアが通じる街なんです」とオーナー。／(左下)フランスまで買い付けに行った陶製の羊型。

周辺環境を気にせず失敗した1軒目

東京・西荻窪の駅から歩いて数分。不動産屋の壁に黄色い交通標識が見えてくる。「とびだし注意」と書かれた文字の上には、羊のシルエットが。そこから横にのびる細い路地を歩いていくと、突き当たりに小ぢんまりとした、ヨーロッパの田舎家のようなお店に突き当たる。「三月の羊」だ。

オープンは、2004年。それまで東京・田園調布に同じ店名で、焼き菓子と天然酵母のパンを扱うお店を営んでいた。「当時は、何も考えずに決めたんです」とオーナーの芹沢さんがいうように、地元ということで開いたお店だった。

けれども、いざ開業してみると、目の前の商店街に人通りはなく、付近の住民も高齢者ばかり。オープンから3年目、危機感を募らせ、現在の場所に、新たにカフェスペースを加えて移転した。

現在の物件を選ぶにあたっては、1店舗目の教訓を生かし、環境や立地の調査もきちんと行った。イメージしたのは、昔懐かしいほっとする空間。ある程度の人通りは必要だが、表通りではなく、路地を一本入ったところにある物件を第一候補とした。

都内全域から鎌倉まで（23区はほぼ一駅ずつ）探して回った。ただ、すでに自分のコンセプトと似たお店のあった西荻窪エリアは、競合を避けるため、対象外に考えていた。

しかし、3カ月たってもいい物件が見つからず、いよいよ西荻窪まで調査の範囲を広げたとき、イメージにピッタリだった現在の物件と出会った。

居抜き物件を上手に利用 内装はアンティークで統一

内装工事は、知り合いに紹介してもらった業者と、自分の手の半々で行った。

もともとが喫茶店として使用していた物件だったため、床や壁の一部

(右上)卵不使用のプレーン生地でつくった「ひつじパン」126円。／(右中)ラム酒風味のメレンゲ「Rum Lamb」110円。／(右下)羊乳100%の「ひつじプリン」315円。／(左)京都の六曜社の豆を使った「コーヒー」430円。プラス100円で「Rum Lamb」がつく。

見た目と素材にこだわった焼き菓子 アレルギーの人にも対応

はそのまま利用することができた。カウンターを解体して壁をつくり、厨房スペースに改造。狭かったトイレも広くつくり直した。

雰囲気づくりのため、インテリアにはこだわった。おもな購入先は、リサイクルショップとネットオークション。戸棚、ショーケースなどは、味のある年代物を集めた。客席のテーブルは昔の足踏みミシンを再利用したもの。アンティークのオルガンをカフェスペースのインテリアに、厨房の壁には欄間を取り付けて窓カウンターをつくった。

店名にもなっている羊の形をした焼き菓子は、陶製の羊型を使って焼き上げたもの。これはフランス・アルザス地方のもので、現地では復活祭などのお祝いには欠かせないものとなっている。日本では、この型を入手するのが難しいため、オープン前にわざわざフランスまで買い付けに行った。

お店づくりのワザを学べ！

店づくりで参考にしたことは？

落ち着きがあってちょっと懐かしい、田舎のティーハウスをイメージした。

古木や珪藻土を使った内装で、やさしくくつろぎ感を演出。インテリアは各国のものを集めたが、アンティークで統一したことで、全体的にうまく調和がとれている。

購入先はリサイクルショップとネットオークション。

固定費を抑えるための工夫は？

当初は、メニューやおしぼりを手渡ししていたが、作業に追われることが多くなったため、テーブルに備え付けておくシステムに変更。食器洗浄器も導入して、手間と時間を短縮した。

包装できるものは事前にしておくなど、できることをチェックし、とことん効率化していった。厨房内で作業をしていることが多いため、カフェのお客さまに対しては「声をかけてください」という手書きのメッセージを置くようにした。

ユニークな店名の由来は？

あるとき羊の焼き型と出会って感動し、羊をコンセプトにしたお店をやろうと決めた。店名も、羊にちなんだものにしようとのこだわりがあった。

フランスでエイプリルフールのことを「四月の魚」といい、また「八月の鯨」という映画もあって、「○月の○○」というフレーズが気に入っていた。そこで、羊とオーナーが生まれた月を合わせて「三月の羊」という個性的な店名が誕生した。

ところで、日本で同様の焼き型がなく、自らフランスまで出向いて探したのは、本文でも紹介したとおり。買い集めたそのほかのアルザス地方の陶器や型は、店内でも販売している。

開業資金の内訳

造作譲渡費（居抜き物件を引き継ぐ費用）	6,000,000円
内装費	2,000,000円
材料費	500,000円
厨房設備費	500,000円
運転資金	3,000,000円
合計	12,000,000円

クッキータイプの羊と、デザインがキュートなアルザスの陶器。

HISTORY お店オープンまでの歩み

2001年9月
約10年間勤めた洋菓子店を退社。開業に向けて準備。

2001年12月
地元である東京・田園調布にパン店・焼き菓子店としてオープン。

2003年10月
客数が伸びないことから移転の準備を開始。

2004年6月
閉店。西荻窪で新店舗工事開始。

2004年10月
カフェを併設して新たにオープン。

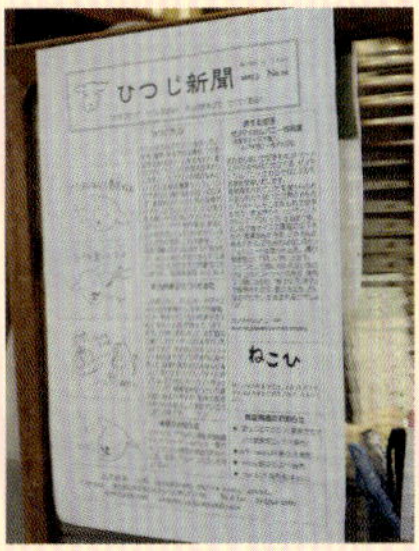

オリジナルお菓子のレシピや、店に展示されるアート作品を紹介する「ひつじ新聞」。

illustrated

【図解でわかる人気のヒミツ】

パンや焼き菓子販売とカフェを同居させるため、それぞれのブロックにきちんと分けたレイアウトを考え、無駄なスペースを一切排除した。全体のバランスは、クラシックなインテリアを置くことで、統一感を持たせた。

厨房

粉が舞うことを防ぐため、珪藻土で壁を塗装。

客席

窓際に寄せることで、スタッフ、お客さまの動線を確保。

インテリア

年代物でまとめ、全体の統一感と雰囲気を出した。

陳列棚

日持ちするものや雑貨などは、ひとつの棚にまとめた。

POINT

多数のアイテムで雑然としがちな店内を、インテリアのコンセプトを徹底させることで、落ち着きある形にまとめた。

昔懐かしい空間をイメージし、棚やインテリアは雰囲気を重視してそろえた

カフェとパンの相乗効果で予想以上に客足が急伸

オープンしてからしばらく、予想以上の客足にとまどうこともあった。とくにウェディングやイベントが増える春先に、引き出物や詰め合わせなどの注文が相次いだ。そうしたこともあり、布おしぼりをウェットティッシュにしたり、食器洗浄器を導入するなど、無駄な時間をつくらないように次々と効率化していった。

客数が増えた理由は立地もさることながら、カフェスペースを設けたことが大きいと芹沢さんはいう。来店の動機を増やすという直接的な効果に加えて、お客さまの反応が直接聞けることから、商品などへのフィードバックも行いやすくなった。

「カフェとして、パン店・焼き菓子店として、雑貨店として、いろんな使い方で楽しんでもらいたいんです」と芹沢さん。何のお店かと問われれば、「三月の羊」と答えるしかないような個性的なお店を目指す。

t h e s h o p

三月の羊の注目ポイント

もともと狭く仕切られていた喫茶店のトイレを、壁を抜いて、ベビーカーが入る広さにリフォーム。席数にこだわらず、くつろぎを追求した。

懐かしい雰囲気のショーケースや飾り棚は、お店のイメージに合わせてチョイス。年代物にこだわることで、雰囲気ある空間を実現した。

図書館で児童書を担当していた奥さまが、隠れた名作絵本を集めて販売している。店名は架空の木の名前からとった「ねこひ」。店長はマッチ箱でつくった家に住んでいる。

昔懐かしい足踏みミシンを再利用したテーブル。4人掛けと2人掛けがある。イスも木の一枚板でつくったベンチなど、味わい深いものをそろえた。

shop data

三月の羊
住所／東京都杉並区西荻北3-31-13-103
TEL／03-3394-6260
営業時間／11:00～19:00（日・祝は18:00まで）
定休日／火・第3水（夏期休業あり） 席数／8席
パン／ひつじパン126円、ひつじパンDX1,400円のほか、土曜に全粒粉パンを、金・日曜にライ麦パンを焼く。地方発送もできる
URL／http://www.rum-lamb.com/

三月の羊 オーナーからのメッセージ

いいものを提供するにはできることからはじめていくことです。妥協することと、徹底することの見極めが大切です。

「できることの一つ目は、立地選びです。1軒目は安易に決めてしまい、すぐに思い知らされました。最低限、人通りや客層の調査は必要です」

便利になった世の中だから
もう一度ライフスタイルを
見直してみる。
有機、天然、無添加……
自分にできることは何か。
エコロジーを気軽に体験できる
そんな「スロー」な空間。

café Slow
東京都府中市

環境にやさしい オーガニックカフェ

オーナーのこだわり

- …カラダと環境にやさしい素材を使って、すべて手づくりした。
- …オーガニックを基本として、カラダにいいものをそろえた。
- !!!…雑貨も天然素材にこだわり、南米を中心とした地域から手づくり品を輸入。

薄い茶色の土壁が入り口から店内へと広がっていく。店の前のスペースにはテーブル席を用意。天気のいい日には気持ちよく食事できる。

（右）もともと倉庫だったという建物は、むき出しの鉄骨や天井などをそのまま生かし、シンプルで味わい深い内装に仕上げた。／（左上）スタッフはナマケモノ倶楽部のメンバーが中心。／（左下）中南米やアジアのフェアトレード雑貨も販売。

環境に負担をかけない自然素材で仕上げた店内

メニューはもちろんのこと、店の外・内装にいたるまで、とことん自然素材にこだわったカフェがここ「café Slow」だ。

「オーガニックカフェ」であり、「フェアトレードショップ」でもあるこのお店がオープンするきっかけとなったのは、オーナーの吉岡さんと「ナマケモノ倶楽部」の出会いからだった。

「ナマケモノ倶楽部」とは、エクアドルのナマケモノを保護することを発端にして、環境保全やフェアトレード（公正な取り引き）の推進、スローライフの提案・実践などを目指して99年に設立されたNGO。当時、ユネスコNGOに勤めていた吉岡さんも、設立メンバーとして携わった。

その後、アメリカやカナダへ、ストローベイルハウス（62ページ参照）の視察旅行に行き、2001年5月に、「ナマケモノ倶楽部」のテーマでもある、環境共生やスロービジネスの実践の場として、「café Slow」を立ちあげることになった。

「自分たちの住む地域にこだわって、そこから環境や自然と関わっていくことが大切」という吉岡さん。その信念に基づき、立地は地元にこだわった。

現在のお店は、もともとは自転車用の倉庫。駅から離れてはいたものの、3階建てで十分な広さがあり、家賃も格安。1階部分をカフェスペース、2階部分を会議室とギャラリースペース、3階を倉庫と、ヨガなどのボディワークスペースとして使用することにした。

壁やカウンター、カウンターのイスはすべて、ストローベイルと呼ばれる藁のブロックを積み上げ、珪藻土で塗り固めた。

材料として琵琶湖から取り寄せた葦を利用、珪藻土については、買えば100万円は超える量を業者が無料で提供してくれた。塗り固めてい

(右)限定15食の人気メニュー。五穀米にみそ汁、主菜、副菜、コーヒーをセットにした「スロー定食」1,200円。／(左上)「豆カレーゆっくり煮セット」1,000円。さまざまな種類の豆をゆっくり煮込んだ一品。／(左下)動物性原料不使用の「ケーキの盛り合わせ」500円。

「ゆっくり」と楽しめる カラダと環境にやさしいメニュー

く作業も、ボランティアで「ナマケモノ倶楽部」の会員や大学生、地元の有志が協力。予想より、少ない費用で店を完成させることができた。

「このカフェに来ることで、オーガニックのものはおいしいとか、フェアトレードの製品は使い心地がよいとか、自然や地球の大切さを感じとってもらえるようにしたい」という吉岡さんと仲間の思いをのせて、オープンにこぎつけた。

カフェを通じた 社会貢献を目指す

café Slowでは、メニューはすべてフェアトレードされたオーガニックの素材を基本としている。そのほかに、必要な素材があれば、地元のお店や農家から仕入れる。

肉類は、飼育に大量の穀物が消費され、環境への影響が大きい食材であることから、メニューには一切取り入れていない。それでも、おにぎりからピッツァ、カレー、ケーキに

お店づくりのワザを学べ！

ストローベイルハウスって何？

10年ほど前から世界中で注目されている建築法で、藁（ストロー）を束ねたブロックのような固まり（ベイル）に、土を塗って固めて建てた家のこと。断熱効果が高いので、冷暖房の使用量が削減できるというメリットもある。また、木材の使用量も少なくセルフビルドも可能なので、ローコストで建てることができる。

材料の葦は琵琶湖で水質浄化のために栽培されたもの。大量に栽培された葦の再利用法として、上手に活用している。

オーガニック料理の魅力は？

無農薬、減農薬の素材が中心なことから、小さい子ども連れの家族や健康を気づかう人にも、安心して店に足を運んでもらうことができる。

調理では、「育てるのに10倍の穀物が必要」といわれる肉を使わず、動物由来の材料も控える。粟、稗などの雑穀や、それらを含んだ五穀米を主食として、日常では味わえないワイルドさをイメージしてつくり上げていく。

コーヒーも、エクアドルとブラジルの有機無農薬豆を使用。もちろんフェアトレードされたもので、店内でも販売している。

テーマ性は集客に役立つ？

「スローとは何かを考えるきっかけになってもらえれば」と吉岡さんが言うように、テーマありきで誕生した同店。店づくりの段階からボランティアで協力してくれる応援者が現れたように、単なるカフェとしてだけではなく、環境問題などの情報交換の場としての期待は大きい。

テーマに関心のある仲間から仲間への口コミ効果は大きく、遠方からの集客も見込めるのが、テーマ色を明確に打ち出したカフェの強みだろう。

開業資金の内訳は？

店舗取得費（前の契約者から引き継いだため）	0円
内装工事費	3,000,000円
厨房設備費	1,000,000円
材料費	1,000,000円
運転資金・そのほか	2,000,000円
合計	7,000,000円

どの雑貨も天然素材でできていて、環境にやさしい。

HISTORY お店オープンまでの歩み

1999年7月
「ナマケモノ倶楽部」設立。
1999年12月
ユネスコNGOを退職。
2000年
アメリカ、カナダへストローベイルハウスの視察に行き、ナマケモノ倶楽部の会員に参加。
2000年12月
環境共生の実践の場として、カフェの立ち上げを計画・準備。
2001年1月
物件が見つかり、本格的に始動。
2001年5月
オープン。

i l l u s t r a t e d

【図解でわかる人気のヒミツ】

古い3階建ての倉庫の1階と前の庭をカフェスペースとして利用。50坪のなかに45席と、余裕をもったテーブルレイアウトにより、落ち着ける空間を実現。内装は自然素材と手づくりにこだわった。

雑貨コーナー
各国のフェアトレード品だけを集めて販売している。

物販コーナー
入り口を入ってすぐ、目をひくところに陳列。

客席
広い敷地に少なめの席数で、ゆったりとしたスペースを確保。

厨房
一直線にすることで、バーカウンターと調和させた。

壁・床
珪藻土は、空気を浄化してくれる作用を持つ。

POINT
倉庫だった建物をうまく利用し、自然で手づくりの印象を出した。客席は少なくし、スペースを大事にした。

環境と共生するをテーマに自然の素材を生かして手づくりすることにこだわった

いたるまで、メニューは豊富。季節により、素材を入れ替えるなど、飽きのこない工夫がなされている。

また店内では、「フェアトレードショップ」として、お店で使用している無農薬食品やコーヒー、紅茶のほか、エクアドルを中心とした中南米やアジアのフェアトレード雑貨も販売している。

吉岡さんは、これまで飲食店経営の予備知識はほとんど持ち合わせていなかった。「接客や運営などのたいへんさを知っていたら、始めようとは思わなかったかもしれませんね」と笑うとおり、初年度は戸惑いも大きかったという。しかし、その一方で「何もわからなかったからこそ乗り切れた」とも振り返る。

現在、毎週金曜日には、ディナータイムにローソクだけを灯し、生演奏と食事を楽しむ「暗闇カフェ」を開催している。こうした柔軟な発想も、カフェの常識にとらわれない吉岡さんならではの強みだろう。

t h e s h o p

café Slow の注目ポイント

エクアドル、中南米、アジアの人々がつくるアイテムを販売。商品は、環境に負荷をあたえないもので、生産者の生活を壊さず、公正に取り引きされたもの（＝フェアトレード）だけを扱う。

店内に入って右奥にあるアリ塚のようなものが、お店のシンボル「ストローベイルタワー」。ボランティアの学生たちが少しずつ塗り固めていったもので、スローライフの精神や環境に対する熱い思いが込められている。

テーブルを囲む「ストローベイル」の壁。藁を珪藻土で固めたものだ。インテリア的にも魅力ある仕上がりとなっている。

厨房の前に設置されたカウンターの土台と、カウンターのイスも、ストローベイルでつくったもの。

s h o p d a t a

café Slow
住所／東京都府中市栄町1-20-17
TEL／042-314-2833
営業時間／日・月・木11:00〜20:00 金・土11:00〜22:00
定休日／火・水
席数／45席〜（カウンター、ソファ、テラス席含む）
ランチ／11:00〜16:00
URL／http://www.cafeslow.com/

Café Slow オーナーからのメッセージ

信念を持つことは必要。だが、それだけではお店はやっていけない。自分の思いを伝えるには、ずっと続けていくことが大切なんです。

「無農薬コーヒーの味に自信があったため、最初はコーヒーだけ出していればいいと思ってました。開業後、思い知らされて、メニューを整えました」

豆の一粒にこだわる自家焙煎カフェ

静かな住宅街にただよう
煎りたてのコーヒー豆の香り。
「良いコーヒー」を求めて
毎朝丁寧に焙煎している。
カフェとしても、
自家焙煎豆のお店としても、
着実にリピーターを増やしている。

Caffè Delfino

東京都世田谷区

女性も入りやすいように、インテリアは明るく清潔感のあるものに。カウンターとテーブル、そして豆の陳列棚は、木の風合いを生かしたデザインをチョイス。全体的に落ち着いたトーンに仕上げた。

オーナーのこだわり

- …喧噪を避けて、ゆっくりとコーヒーを楽しめる住宅街にこだわった。
- …「自家焙煎」の堅苦しいイメージを払拭し、明るくさわやかに。
- …何よりもお店の基本となる焙煎にこだわった。毎朝数種類ずつ行う。

(右)ドリップ中の静野さん。修業当初は毎回淹れるたびに微妙に味が違ったりしていたというが、繰り返しの練習で修得。／(中上段)豆と焙煎にも相性がある。豆の特徴をとらえて、最適な焙煎をしなければならない。／(中段2枚)すぐ下の写真がハンドピックされた豆。生豆の状態で1度、焙煎後に1度、空いた時間を見つけては選別する。焙煎後の選別では、煎り具合にムラがあるものや、割れてしまった豆などを取り除く。／(左下)豆の販売も行っている。

自家焙煎のカフェで2年間の修業生活

世田谷の閑静な住宅街。白い外壁に描かれたイルカとコーヒーカップのロゴマークがキュートな「Caffè Delfino」。女性オーナーの静野さんが、12席という小さなお店を1人で切り盛りしている。

開業前、静野さんはOLだったが、「将来も長く続けられる仕事を見つけたい」という思いがあって、働きながら何かしらのスクールに通ってみることを考え始めた。スクール探しを行っているうちに、カフェに興味がわき、半年間、通うことにした。授業は思いのほか楽しく、そこではじめて「自分のお店が持ちたい」という気持ちが芽生えた。

夢を追うには、退職しなければならない。上司にその旨を伝えると、「そういう話ならば」と、知人の自家焙煎カフェ「ベルニーニ」のマスターを紹介してくれた。

退職後、「ベルニーニ」には、話を聞きに何度も足をはこんだ。そのうちマスターから「やる気があるならうちで2年間修業してみるか?」と声がかかった。「2年間か……」正直、そんな気持ちもあったという。1年後には自分の店を持つつもりでいた静野さんにとって、途方もなく長い時間に感じられた。

しかし、いざ働き始めてみると、豆の選別から接客にいたるまで、覚えることは尽きず、はじめの1年は瞬く間に過ぎていった。

本当に「良いコーヒー」を味わってもらうために

2年目に入り、コーヒーの抽出

（右上）中深煎りのオリジナルブレンド「デルフィーノブレンド」500円。
（右下）「本日のケーキ」400円は下目黒の「ル・カフェ・マミィ」の自家製。
（左上）「カフェ・カプチーノ」600円。
（左下）シェーカーでつくるアイスコーヒー「カフェ・フレッド・シェカラート」600円。

厳選した生豆を毎朝焙煎
豆の特徴をとらえた最高の煎り加減

（ペーパードリップ）方法を教わる。オープン前にマスターに自分で淹れたコーヒーを味見してもらうのが日課となった。

その過程で「自家焙煎コーヒーの店」という、具体的な店のコンセプトが固まっていった。

2年の修業を終え、物件探しを開始する。希望は住宅街にあって、ひとりで仕切れる広さの物件。まずは、不動産店で店舗物件の家賃相場を把握。続いて自分の希望を記したシートを、不動産店に渡してまわった。

しかし、店舗物件は少ないため、「待っているだけではなかなか紹介してもらえないことが次第にわかってきた」ことから、自分の足を使って積極的に探し回った。

3カ月ほどのち、現在の場所で「貸店舗募集」の看板を見つける。いかにも手づくりという看板にいくばくかの不安を感じたが、「見るだけでも」と連絡。ほかの物件とくらべつつ、納得するまで内見をくり返

お店づくりのワザを学べ！

焙煎に必要な機材は？

お店の核となる焙煎室には、焙煎機と硝煙装置が収まっている。硝煙装置は煎ったときに出る煙を浄化させて排出する装置。焙煎するお店には欠かせないものとなっている。気温の変化は焙煎機の動きに影響するため、客席スペースとは別に、空調が設置されている。

内装業者に正確にイメージを伝えるコツは？

静野さんの場合、あらかじめ自分のイメージに近い他店の写真をまとめておき、担当者に参考資料として渡した。具体的に店づくりのポイントとしたのは、「自家焙煎」という言葉が持つ重いイメージを払拭すること。天井と壁を白くして明るい雰囲気を演出し、カウンターや棚、テーブルは木目調にすることで、全体のトーンを落ち着かせた。

1人で運営するためにレイアウトで気をつけたことは？

1人で運営することを考え、接客しやすいようにカウンター8席を設け、テーブルは2つで4席とした。焙煎室は店の奥だが、ガラス窓で存在感をアピール。焙煎後の豆は、収納と演出を兼ねて、カウンター後ろの棚に陳列するようにした。客席から見えにくい棚の下部には、食器や小物類を収納。ドリッパーはカウンターの前に並べ、見た目と香りで楽しませる工夫をした。

どうすればお客さまに「ひと味」違うことを知ってもらえる？

カフェの基本となるのは、やはりコーヒー。値段で勝負するチェーン店が増えている現在、「味わい」を全面に押し出すのも一法だ。静野さんのお店では、生豆、欠点豆、浅煎り～深煎りの豆、そしてハンドピックする前と後など、カウンターにいろいろな豆のサンプルを置いている。豆の実態を知ってもらい、「良いコーヒー」とはどんなものかを、理解してもらうことがねらいだ。

開業資金の内訳

店舗取得費	1,000,000円
内装費（厨房設備・工事費含む）	6,600,000円
焙煎機	1,200,000円
硝煙装置	1,000,000円
運転資金	2,000,000円
インテリア・そのほか	1,200,000円
合計	13,000,000円

カフェとしてだけでなく、豆やコーヒーについての知識も提供。

HISTORY お店オープンまでの歩み

2000年1月
カフェスクールに通いはじめる。
2000年7月
勤務先の会社を退社。
2000年9月
「ベルニーニ」での修業生活開始。
2002年10月
修業を終え、物件探し開始。
2003年3月
正式契約、工事打ち合わせ。
2003年4月
買い出し、ショップカードづくり。
2003年5月
焙煎機搬入、試運転。
2003年6月
オープン。

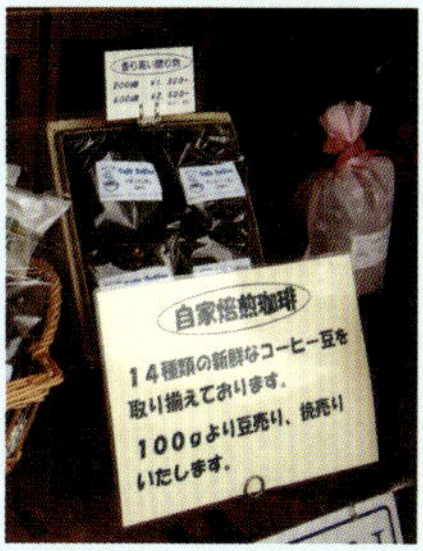

illustrated

【図解でわかる人気のヒミツ】

ひとりで運営することを基本に店内をレイアウトした。入りやすい雰囲気を演出するために、明るさと清潔感を重視したデザインとなっている。スペースを確保するとともに、コーヒーをじっくりと味わってもらえるよう、余分な装飾は排除した。

焙煎室
お客さまからもよく見えるようにガラス窓にした。
厨房
コンロやドリッパーなど、よく使うものはまとめて近くに配置。
外観
深いブルーとアイボリーで仕上げることで、さわやかさを演出。女性ひとりでも気軽に入れるようにした。
カウンター
配置やデザインで自分の動きやすさと、客席とのバランスを重視。
テーブル席
座席数は、ひとりで対応できる範囲に止める。

POINT
厨房は作業と接客に無駄が出ないように設計。客席とのバランスも考えて、スペース、レイアウトを決めていった。

誰でも気軽に店を訪れ、「良いコーヒー」を楽しめるよう明るさと清潔感にこだわった

したうえで、契約を結んだ。

内装の打ち合わせでは、「ベルニーニ」を参考に、工務店の担当者へ希望するイメージやレイアウトを細かく伝えた。

店名を決め、ロゴとショップカードはデザイナーに依頼。食器類は何度も合羽橋を往復して買い集めた。豆やミルク類の仕入れは、「ベルニーニ」と同じ会社から。トーストとケーキは自分で回って、気に入ったものを選んだ。

オープン前には、焙煎のテストをくり返し、「自分の焙煎機」のクセを覚えていった。

「よいコーヒーとおいしいコーヒーは違うんです」と静野さんは語る。おいしいという感覚は人によって異なるが、よいコーヒーは欠点豆を選別し(ハンドピック)、豆に合った焙煎をしてやることが大前提となるという。自家焙煎の店でも、ハンドピックまで行っているお店は少なく、Caffè Delfinoの大きな特徴となっている。

t h e s h o p

Caffè Delfino の注目ポイント

カウンターの後ろに取り付けられた棚には、焙煎した何種類もの豆が並べられている。

店の心臓部である焙煎室。毎朝開店前に2、3種類の豆を焙煎。1度に焙煎する量は1キロ。およそ20分かけて熱を通していく。豆は焙煎する時間によって浅煎り、中煎り、中深煎り、深煎りに分けられる。

この後ろが、上の写真の棚。豆とお湯、ドリッパーを近くに配置することで、効率的に作業できるようにした。

生豆の保存には、直射日光が当たらない押し入れを利用。ビニール袋に入れ、種類、仕入れ日などを明記し管理している。

s h o p d a t a

Caffè Delfino
住所／東京都世田谷区弦巻2-8-15
TEL／03-5799-9720
営業時間／10:30～19:00
定休日／木・第1、3水
席数／12席
メニュー／ブレンド400円、トースト350円
URL／http://www.h6.dion.ne.jp/~delfino/

Caffè Delfino オーナーからのメッセージ

お店を持つことはゴールでなく、そこからがスタートです。長く続けていく気なら本当にいいと思ったものにこだわっていくことです。

「学校で基本は教わったといっても、所詮知識だけ。実際に経験するのとは違います。「ベルニーニ」での修業は財産です」

エスプレッソが香り立つ移動カフェ

小さな車から提供される
本格エスプレッソは
バリスタが淹れる本物の味。
豊富なメニューで
いつでも新鮮な味を
楽しめる。

ambulante cafe

都内近郊（赤坂など）

かわいらしいミニバンを改造した店舗。遠くからでも目立つような形の車を選んだ。温もりを感じる車体の色は、カフェラテの色を意識したもの。さり気ないこだわりもポイントだ。

オーナーのこだわり

…費用や税金を抑えるために、軽のバンをチョイス。

…豊富にそろえることで、選択の幅を広げた。

!!! …バリスタとして、つねに自信のあるエスプレッソを提供。

（右）オーナーの大西さん。開業サポートやエスプレッソコーヒートレーニングも受け付けている。／（左上）オープン前の準備はスムーズに。30分ほどで、車からカフェへと変身。／（左中）ミニバンでは、この車種しかついていないというサンルーフ。「結構気持ちいいんです」とオーナー。／（左下）メニューはオリジナルメニューを含めて、30種類以上。

自己資金で開業するため選んだ移動カフェ

都内近郊を中心に、オフィス街、公園、イベントなどに出店している移動カフェ「ambulante cafe」。オーナーのバリスタ、大西さんがこのお店をオープンしたのは2004年1月のこと。

10年ほど前、コンピューター関連の会社からイタリアンレストランのフロア係に転職。そこで、スタッフ参加のエスプレッソ講習会があり、その魅力に取りつかれた。

3年後、大手カフェに転職し、バリスタとしての腕を磨く。そんなある日、取引先の社長から「自分の会社のスタッフにエスプレッソを教えてほしい」と依頼を受ける。それがきっかけとなり、レストランやカフェ、講習会などでエスプレッソを教えるエスプレッソトレーナーに転身。5年間活躍した後、自分の店を開くことを考えはじめた。

「自己資金でまかなう」ことを優先し、少ない費用で開業でき、しかも話題性もあることから、移動カフェでの開業を選択した。

店舗となる車選びは慎重に行った。手もち資金はもちろん、自動車税のことも考えて、中古のミニバンにすることに決定。その際、ポイントにしたのは、「外装が目立つこと」、「換気性」、そして「開放感を得られること」。考えた末、サンルーフ付きの車に照準を絞った。

早速、インターネットを使って全国の中古車販売店を検索。車の状態を見極めるため、直接出向いて自分の目で確認をとった。実際に購入するまでに、同じ車種を何台もチェックした。

(右上)甘すぎない「カフェモカ」310円／(右下)昔懐かしい「タンサンコーヒー」320円／(中上) 1杯ずつたてる「抹茶のカフェラテ」360円／(中下)定番の「カフェラテ」280円／(左上)エスプレッソだけでなく、抹茶も1杯1杯、心をこめてたてる。車内は狭いが、動かないでも作業できる点がメリット。／(左下)「街で見かけたら声をかけてください」と、大西さん。エスプレッソを飲んだことのない人はぜひ。

本格エスプレッソを基本に豊富なバリエーション

8ナンバーより十分な広さを優先

移動カフェのポイントのひとつは、狭い車内をいかに上手に使うか。一般的な移動カフェでは、税金面で有利なことから、いわゆる8ナンバー（特種用途車輌）で登録する。

だが、8ナンバーの登録には、設備を車体に固定するなどの要件を満たさなければならない。固定するためには、下に板を敷くなどの措置が必要。結果として床が底上げされるため、使える空間を狭めてしまうことになる。そのため、大西さんは8ナンバーを選択しなかった。

設備も保健所の許可がおりる最小限度のものに。シンクは特注した小型の2槽式。カウンターは折り畳み式のものを自作した。

そして、移動カフェの成功をもっとも左右するのが、出店場所の確保である。

大西さんの希望は、当然ながら人通りが多く、競合店の少ないところ。

お店づくりのワザを学べ！

移動カフェの開店準備で大切なことは？

移動カフェのポイントのひとつになるのが、限られたスペースの有効活用。そのためには、スペースを狭める8ナンバーではなく、一般車として登録するのもひとつの手段となる。

大西さんの場合、基本的な設備は車のサイズに合わせて特注したり、自作した。たとえば、小型のシンクは東京・合羽橋で特注。レジ代わりのカウンターは折り畳んでしまえるよう自らの手でつくった。あまったスペースには、エスプレッソマシーンやクーラーボックスなどを設置。残りスペースを作業場とした。

車選びで気をつけたいことは？

軽自動車にすると取得費だけでなく、自動車税も安く抑えられる。さらに中古車にすれば初期投資は抑えられるが、その際は走行距離や状態など、細かなチェックが大切。車種によっては、「オートマ車のほうが壊れやすい」といったものもあるので、業者などと仲良くなり、できるだけ情報を集めるよう心がけたい。

また、同じ広さでも車種によって、体感は異なる。大西さんのようにサンルーフ付きの車を選ぶのも、選択肢のひとつである。

移動カフェの出店に必要な手続きは？

営業許可を得るための審査基準は、都道府県ごとによって違う。そのため、許可を持っていない都道府県で出店する場合は、出店先で新たに申請する必要がある。

エスプレッソマシンはどんなものを使っている？

大西さんは、エスプレッソマシンは扱いや手入れを簡単にするため、ポッド式のものを使用。ポッドは知り合いの業者に頼んでつくったオリジナル。マシンに依存せず、豆とマシンとの相性をチェックしながら、もっともおいしく抽出できる分量を決めた。メニューは、かつての経験から売れ筋のものを厳選。定番から目新しいものまで、30種類以上を用意した。

開業資金の内訳

車取得費	300,000円
外装費	600,000円
内装費	100,000円
エスプレッソマシン	300,000円
仕入れ	200,000円
運転資金	1,000,000円
合計	2,500,000円

自宅でも自慢の味を楽しんでもらおうと出張サービスも開始。駐車場があれば、カフェカーでの出張も可能。

HISTORY

お店オープンまでの歩み

1996年ごろ
勤めていたコンピュータ関連の会社を辞め、イタリアンレストランに転職。エスプレッソ講習会を受ける。

1999年
大手カフェへ転職。しばらくしてトレーナー業をはじめる。

2004年初め
お店を開くことを決意。

2004年5月
移動カフェに使う車を購入。そのほか、場所探し、車の改造など。

2004年11月
オープン。

i l l u s t r a t e d

【図解でわかる人気のヒミツ】

作業の優先順位を考慮して、マシン、カウンター、シンクを配置。残りのスペースに収納ボックスを置いて、作業台の代わりとしても使用。狭いことを逆に利用して、「動かないまま何でもできる」スペースにした。

床
座席を取り外したくぼみを利用して、空間を広くとっている。

シンク
車のサイズに合わせて特注した。数万円程度でできるという。

収納
収納ケースの上も、立派な作業スペースになる。

エスプレッソマシン
カウンターの裏に置くことで、使いやすく、邪魔にならない。

カウンター
すぐに取り外しができるように、シンプルに設計した。

POINT
床を低くして作業しやすい高さを確保。レイアウトは、カラダをひねるだけですべての作業が行えるようにしている。

無駄なスペースはつくらない。狭い車内で効率よく作業するためにきっちり考えられたレイアウト

「最初に場所探しをするべきでした」と反省するように、始める前は、「すぐ見つかるだろう」程度に考えていたが、現実は交渉にさえ応じてくれないところがたくさんあったという。

イベントなどの出店をあっせんしてくれる機関にも登録してみたが、順番待ちの状態。仕方なく場所を妥協して出店したこともあったが、やはり客足は鈍く、ほとんど商売にならない日もあった。

そんな苦労を続けておよそ半年たった現在、ようやく定期的に出店できる場所を確保できるようになった。

「お客さまから『おいしい』といってもらえるのが、何よりうれしいんです。たいへんなことも多いだろうけど、たくさんの人に満足してもらえるようがんばっていきたい」

トレーナーの仕事とは違った、自分の店を持つ醍醐味を大西さんは語ってくれた。

t h e s h o p

ambulante cafe の注目ポイント

業務用のカフェポッド対応式エスプレッソマシンは、イタリア・デロンギ社製。ポッドは、知り合いのコーヒー会社に頼んで詰めてもらったオリジナル。

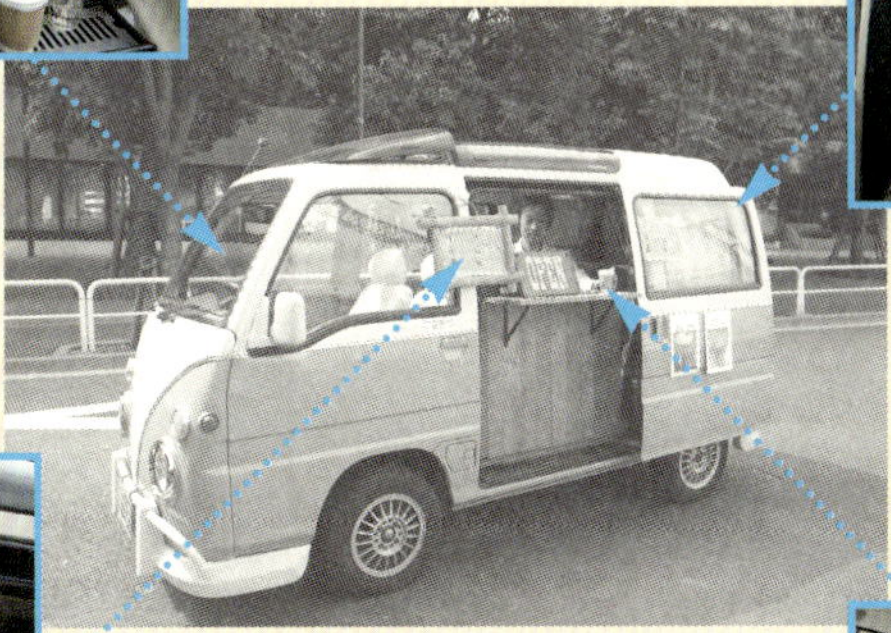

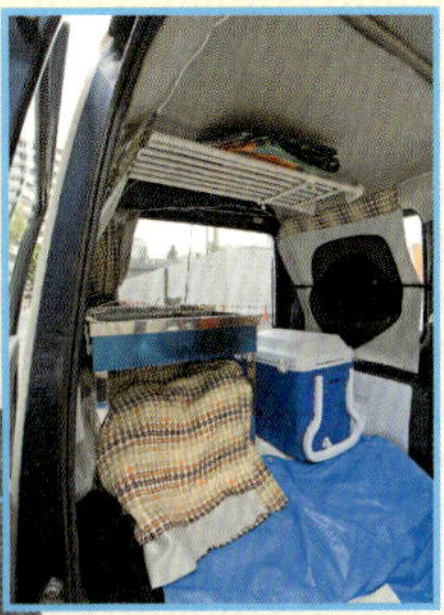

車内の最後部に、一番の大物、シンクを配置。その下や横は収納スペースに。多いときは、クーラーボックスが何段も積み重なることがある。

木の枠とオレンジ色を使ったやさしい演出をすることで、商品の安心感を高める。

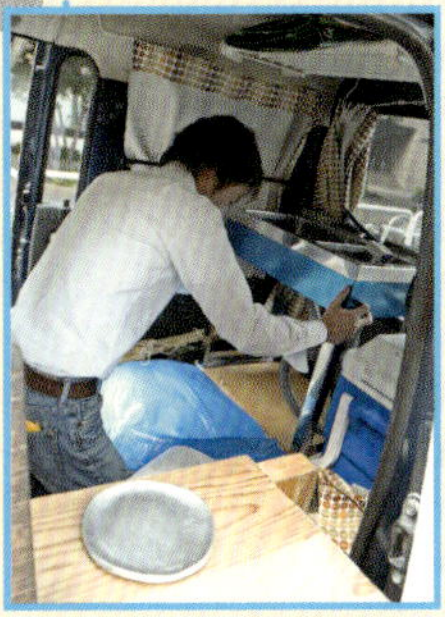

作業中は膝立ちの状態が長いため、取り外した座席のくぼみがかなり役立ってくる。また、車内をつねに整理しておくことで、動きやすさとスペースをキープしている。

s h o p d a t a

ambulante cafe

出店場所／都内近郊（赤坂など）

TEL／090-3102-6817

営業時間／場所、イベントによる

メニュー／エスプレッソ150円、オーガニックティー280円、アメリカーノ280円ほか、オリジナルも含め30種以上

URL／http://www.geocities.jp/ambulantecafe/

ambulante cafe オーナーからのメッセージ

「移動できる」からといって勝手に出店できるわけではありません。断られることのほうが多く、めげない気持ちと、交渉力が大切です。

「街中で移動販売のお店をよく見かけると思いますが、出店をOKしてもらえるのは、ほんの一部だという覚悟が必要です」

大切なのは、あなた自身のコンセプト設計

フェを描いてみよう

第2章

7つのヒントを大公開！

自分スタイルの力

人気カフェは、単なる偶然から
生まれるのではありません。
オープンまでの道のりは、
さりげないほどお客さまの目に触れることもなく、
あまり目立たないことだったりします。
そして、多くのお客さまは、自分でも知らぬうちに
なぜか何度も通ってしまうことになるのです。
そこには、注目されるだけのヒミツがあります。

「その店ならでは」のものがなければ、人気店として長続きしない！

少しでも数多くのお客さまに満足してもらうには、あのお店だったら「○○がある」というイメージを持ってもらうこと。たくさん人気店をたずね、お客さまがどこに付加価値を感じるか考えてみよう。

お客さまの満足を得るには個性より大切なものがある

カフェをはじめる多くの人のスタートラインは、「自分の行きたくなるようなお店をつくろう」との思いからです。しかし頭のなかでイメージしていても、いざどうやってつくるかという段階になると迷ってしまうかもしれません。

カフェ経営はいうまでもなくビジネスです。つまり採算が合うことが前提になりますが、自分のやりたいことを理解し、共感してくれるお客さまがいなければ、商売として成り立ちません。

実際にカフェをはじめてから「一度はやめようと思った」ことのあるオーナーはたくさんいます。それでもやめなかったのは、大切なお客さまがいたからなのです。

人気店でお客さまはどこに満足しているか

はじめてオープンする人には、たくさんの人気店に学ぶことが勉強になります。大切なのは、それをマネするのではなく、自分なりにアレンジを加え、自分のお店に取り入れられるかを検討してみることです。

人気店とは、数多くの人から気に入られ、共感を呼ぶことのできるお店です。なぜ人気があるのか、多くの人気店に足を運んで学ぶことで知識が広がり、新しいニーズについてのアイデアが見つかるかもしれません。後は、それを自分のお店にどう生かすかです。

もし資金不足でやりたいことが思うようにできない場合でも、たとえばお客さまに合わせてメニューの盛り付けや、お店の雰囲気を変えたり、サービス方法を自分なりに考えてみてもいいでしょう。

個性も大事ですが、お客さまにいかに満足してもらうかについても具体的に考え、検証するようにしましょう。そのための手がかりになるのが、次ページの3つの付加価値です。

■5W1H（次ページ）
本来は新聞などの文章を書く際に基本的な要素として用いられるもの。お店のオープンにおいても、お客さまが、何を望んでいるか、あるいはどんなシーンで利用されるのかといった事実をもれなく把握することが重要になっている。

カフェに行きたくなる動機を5W1Hで見てみよう

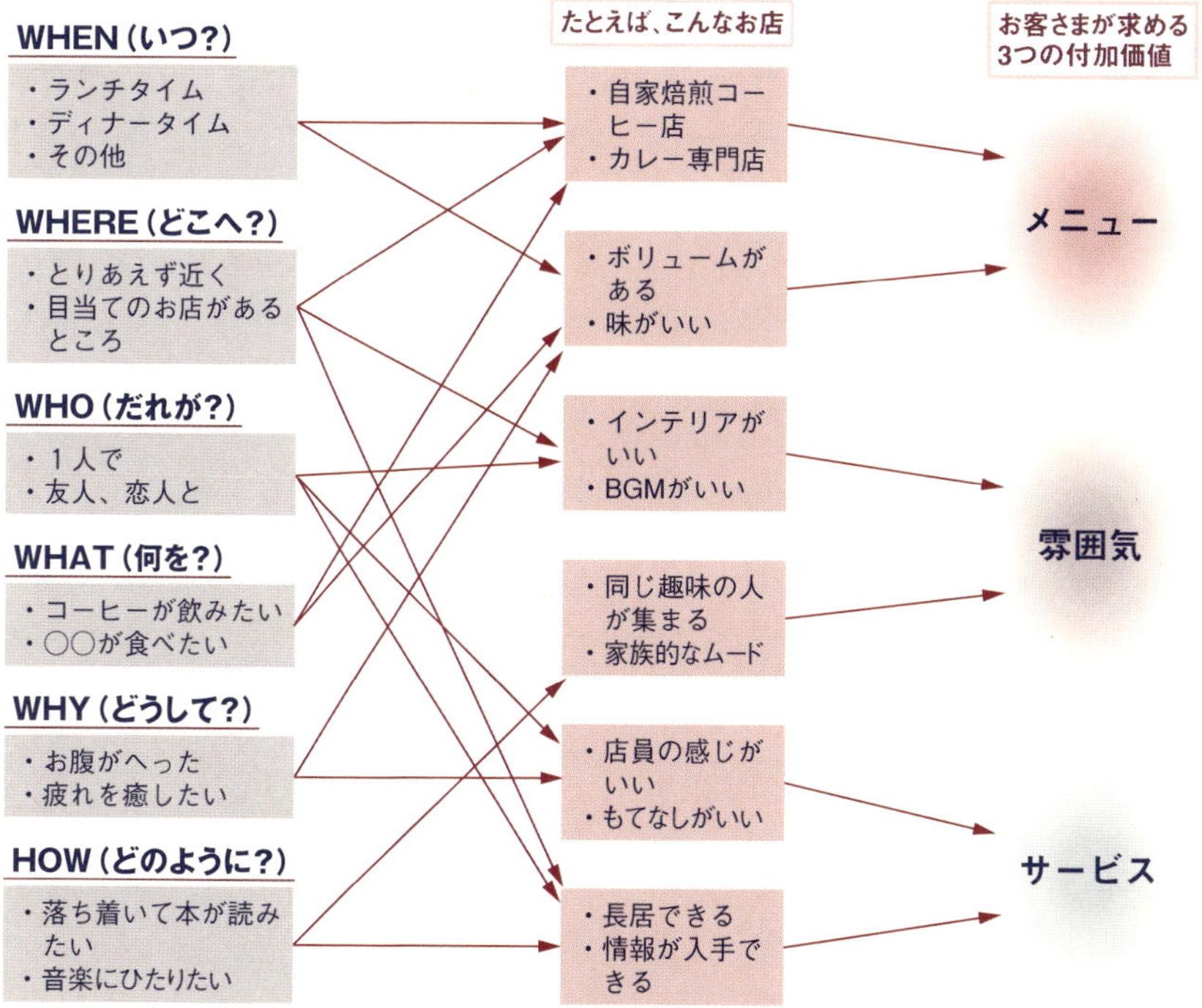
WHEN（いつ?）
・ランチタイム
・ディナータイム
・その他
WHERE（どこへ?）
・とりあえず近く
・目当てのお店があるところ
WHO（だれが?）
・1人で
・友人、恋人と
WHAT（何を?）
・コーヒーが飲みたい
・○○が食べたい
WHY（どうして?）
・お腹がへった
・疲れを癒したい
HOW（どのように?）
・落ち着いて本が読みたい
・音楽にひたりたい
たとえば、こんなお店
・自家焙煎コーヒー店
・カレー専門店
・ボリュームがある
・味がいい
・インテリアがいい
・BGMがいい
・同じ趣味の人が集まる
・家族的なムード
・店員の感じがいい
・もてなしがいい
・長居できる
・情報が入手できる
お客さまが求める3つの付加価値
メニュー
雰囲気
サービス

お客さまにとっての3つの付加価値とは？

カフェを訪れたとき、お客さまはどんなところに満足感を覚えるのか——それは右の3つの付加価値にまとめることができる。メニューの味はもちろん、どれだけもてなしてくれたか（サービス）、また居心地はどうだったか（雰囲気）。

どれか1つが優れているよりも、高いレベルでバランスよくとれたお店ほど、人気店としての評価を得ることができる。

お店の評価を上げるキーワード

メニュー

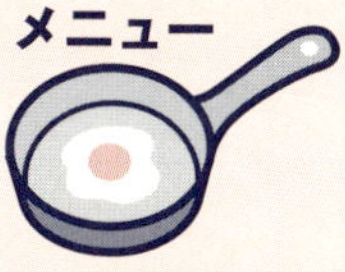

・オリジナルな味付け
・豊富なメニュー
・自慢料理に絞る
・ボリューム感

雰囲気

・家族的
・趣味が合う
・インテリアの趣味がいい
・インパクトがある
・いつ行っても新鮮
・スタッフの人柄がいい

サービス

・もてなしの心
・長居できる
・接客の感じがいい
・メニューについて説明してくれる

どんなお店にしたいか「夢」を書き出してみよう

お店づくりをはじめるうえで、「夢」を描くことはとても重要だ。長く愛されるカフェにするためにも、「こんなお店にしたい」というあなたの思いを、いまのうちに明確にしておこう。

あなたは自分のお店にどんな夢を託しますか？

だれでもお金さえあれば、カフェをオープンさせることはできます。しかし、何のためにカフェをはじめるのか明確なビジョンがあなたにないと、ただもうけを考えるだけのお店になってしまい、続けていくだけの情熱を持続できないでしょう。

実際に、最高の立地に出店したのに、いつの間にかなくなってしまったというカフェが後を絶たないのを見ても、お客さまを獲得するのが簡単ではないことがわかります。一方では、わざわざ遠くからでも行ってみたいと思わせる人気カフェもあります。

この2つのタイプのお店は、どこが違うのでしょう。

夢を具体化して実現できるかどうか？

カフェを長続きさせ、成功に導く条件は、前に述べたようにコンセプトがはっきりし、メニューやサービス、雰囲気といった付加価値に魅力があることです。

それに加え重要なのは、お店が目指すテーマについて共感してもらえるかどうかです。

カフェをはじめようという人には、そのカフェでかなえたい「夢」や目指す「目標」があるはず。それを頭のなかだけで考えているのではなく、お客さまに伝わるよう具体的に描き出してみることが第一です。

しかし最初は、「お店で何を表現したいか」「どんな感じのお店にしたいか」といった漠然としたものでかまいません。パッとひらめいたものほどイメージがわいてくるものですし、達成したいという意欲が出るものだからです。

次のページでは、一般的と思われる4つの夢を選び、具体的な方法として何があるか、いくつか挙げてみました。

■ワークショップ（次ページ）
専門家を講師に招いての現代アート講習会や、カフェに集まる人が主体となって自主的に活動を行う物づくり教室などがある。オーナーの専門分野を生かせると同時に、参加者同士の交流を図ることもでき、ネットワークの拡大につながる。

■専門店カフェ（次ページ）
カレーやハンバーガー、変わったところでは学校給食など、特化したメニュー構成のお店。得意な料理というだけでなく、仕入れのコストダウンの面でもメリットがある。

お店づくりで「夢」を実現するには

こんなお店にしたい	具体例	ココがポイント
●人が集まるお店にしたい コーヒーを飲むだけでなく、お客さまも気軽に参加できる自由な空間。スタッフとお客さまの距離が近く、家庭のようなくつろぎを感じられる。	・イベントカフェ	ライブや上映会など、内容によって客層も変わる。イベント目当ての人とカフェ目当ての人が見込める。
	・ワークショップカフェ	講習会がない日でも、生徒たちが集まる場として利用。ワークショップとしての売り上げも期待できる。
	・ドッグカフェ	犬好きな人たちが集まるため、交流を深めたり、飼い主同士の情報交換の場にもなりやすい。
●自分の腕を試したい 料理やコーヒーの味で勝負したいという、職人気質の空間。レストラン並みの専門性ながら、カフェという気軽さから、いろんな人に親しまれる。	・自家焙煎カフェ	技術が身につき、ブームに流されることがない。コーヒーを飲みにくるだけでなく、豆の売り上げも大きなウエイトを占める。
	・専門店カフェ	「カレーならここ！」などの来店目的が、専門店ならではの強み。ブームで終わらないようなメニューの選択が必要。
	・移動カフェ	路面店より資金上のリスクが少なく、ドリンクだけに集中できるので、腕試しとしてはちょうどいいかも。店舗取得へのステップにする人もいる。
●お金を稼ぎたい 長くカフェを続けていくには、夢があるだけでは成り立たない。やはり、しっかりした経営ビジョンを持ち、継続的に利益を出すことが必要になる。	・ダイニングカフェ	昼間より夜間の営業時間を長く設定することで、食事とアルコールのオーダーが多くなり客単価を上げることができる。
	・イートカフェ	ティータイムだけでなく、モーニングやランチを充実させ、幅広くお客さまを獲得する。
●趣味を表現したい 自分の好きなものに囲まれて仕事ができる点に目が行きがちだが、立地や客層によってはお客さまの趣味に合わせる必要も出てくる。	・ギャラリーカフェ	アート作品を通じてのリピーター客を呼びやすい。展示作品によっては新たなお客さまを獲得する助けにもなる。
	・ブックカフェ	本や雑誌を落ち着いて読める空間づくりが大事。本の表紙を見せる陳列をしたり、インテリアの一部として利用する手もある。

細かく設定された「三月の羊」の到達目標

お店づくりに具体的な目標を掲げた「三月の羊」の芹沢さん。最初のこだわりは、小さいころから好きだった羊をお店のシンボルにすること。店名はもちろん、羊形のパンやお菓子など、あらゆる商品に羊をモチーフに取り入れた。フランスにまで出かけ、羊の焼き型を購入したほどだ。

全体のコンセプトを「英国の片田舎」に、インテリアもアンティークで統一。さらに商品は天然酵母のパンにアレルギー対策されたお菓子類と、お店づくりのイメージを細かく具体的に設定。到達点を明らかにしてひとつずつ丁寧にクリアしていったのだ。

羊がモチーフの商品は、愛らしくて人気が高い。

自分の趣味・得意分野を生かして個性的なカフェをつくるには

お店のコンセプトづくりの次にすることは、あなたの趣味や経験、そして得意なものを、お店づくりにどう生かすかだ。あまり堅く考えるよりも、具体的に何ができるか考えよう。

熱意を持てるものをお店づくりに取り入れよう

カフェをはじめるとき、いくらおいしいメニューを提供できても、それが売れるとは限りません。とくに大手チェーン店が日本全国にでき、手ごろな価格の商品にニーズが集中している昨今では、お店に何か特別な価値がなければ、たくさんのお客さまを呼ぶことは困難です。

わざわざ来てもらうためにはお店の強い個性——つまり、お店のメッセージが必要になってきます。たとえば、あなたに人よりも優れているところや、得意とするものがあれば、それを強みにしない手はありません。

インテリアに詳しければ、「イームズはこの位置で」、パンづくりの経験があれば「オーブンはこのくらいの大きさ」など、コンセプトを具体化するときにも、自分でイメージしやすく、他人にもそれを伝えやすくなります。

趣味を生かす場合なら、雑貨や食器など収集したものは、そのまま店の個性として生かすことができます。また、経験（前職やアルバイトなどで培った技術・資格など）でいえば、料理のテクニックはもちろん、材料や雑貨などの仕入れの「つて」をうまく活用することも考えられます。

お店の個性を出し、それをお客さまにどのように伝えるのかは、実例に学ぶのが早道です。次ページを参考に、あなたの得意分野を上手に生かしたお店を考えましょう。

■お店のメッセージ

インテリアの置き方、特化したメニュー、心地よい音楽など、どこかに主張のあるカフェには、よき理解者となるお客さまができるものだ。あるいは、アート作品の展示やイベント開催など、カフェを交流の場として、さまざまなコミュニケーションを図るお店にもたくさんの人が集まってくる。

実際にボードにメッセージを書いて展示するなど、直接的に主張するお店もあり、お客さまにとってお店のメッセージを理解するのに役立てている。

趣味・得意分野を生かしたお店づくりのポイント

趣味を生かす

インテリアにこだわったお店にしたい

イームズやヤコブセンなど、ミッドセンチュリーのインテリアを生かすべく、内装はシンプルでモダンな雰囲気にする。インテリアと空間を楽しんでもらうため、食事は軽食を中心としたメニューに。

ペット同伴のお店にしたい

お店を開きたいけど、飼っている犬とも一緒にいたい。そこで、ペットＯＫのお店にして、自分が飼っている犬をお店の看板犬に。犬好きな人たちのコミュニティの場所になってくれたらうれしい。

音楽にひたれる空間にしたい

ＣＤ中心のコレクションだけど、デザインのいいＬＰをインテリアとして用いたい。内装はシックで落ち着いた雰囲気にまとめ、余計な装飾のない音楽に集中できる空間に。夜はお酒も出して、大人の時間を演出。

自分の料理を食べてもらいたい

さまざまなアレルギーに対応できるよう、メニューは豊富にそろえる。メニュー表には原材料や作り方を細かく記載し、だれにでもわかりやすく仕上げる。内装は新建材を使わず、カラダにやさしい自然素材で統一。

経験を生かす

前職の経験を生かしたい

レストラン、居酒屋などの外食産業での勤務経験は調理に限らず、カフェの経営でもさまざまなシーンで生かすことが可能。厨房のレイアウト設計、スタッフの接客指導、メニュー構成など、自由な発想を生かそう。

読書経験を生かしたい

コーヒーを飲みながら好きな本が飲めたり、面白い本の情報交換ができる場に。サブカルチャー系や美術書などを置いたり、小さな出版社から出ているような、ほかではあまり読めない本ばかりを集めれば話題性も。

自分の作品を飾りたい

自分の作品を多くの人に見てもらうため、ギャラリーを兼ねた内装にしたい。くつろぎながら鑑賞できるように、天井が高く、客席スペースは広め、壁面は淡い色調を基本に。

人を楽しませたい

ミュージシャン、タレント、俳優など、人前に出て多くの人を喜ばせた経験を持つ人はカフェのオーナーとしても魅力を発揮する。スタッフも含めて人柄がお客さまを呼ぶことも多いが、選り好みもあるので注意。

趣味いっぱいの「へんてこ」空間

「★mashman's★cafe★」の寺崎さんは20代のころ音楽活動に明け暮れていた。プロを目指し曲をつくっていたが、焦る気持ちから歌いたい曲より、売れそうな曲ばかり。それ以来、デビューできなかったことよりも、やりたいことをやれなかったことを後悔。そして次に何かやるときは、好きなことだけを！と決意した。

そしてオープンしたのは真っ赤な壁にあふれんばかりの小物類やインテリア、ユニークなメニュー名など、普通では考えられないお店。オーナーの趣味がたっぷりつまった異空間ができあがった。

オリジナルカフェづくりのヒント 02

お店のコンセプトに合った雰囲気で差をつけよう

お店の第一印象ほど大切なものはない。1度来たお客さまがリピーターになるかどうかは、最初に与えたイメージが決めると言ってもいいほどだ。お店のコンセプトにあった心地よい雰囲気とは？

わざわざ来店しようという動機を持たせることが大事

ふらりと立ち寄ることも多いカフェのお客さまには、そのお店の雰囲気がとても印象に残るものです。たまたま入って好印象を持ってもらえれば、「また行ってみたい」と思わせることができるのです。

しかし、そのような印象は、単に人気店のマネをしただけで備わるものではありません。やはり、自分でじっくり考え、自分のお店にしかない雰囲気づくりをしていくことこそが重要になってくるのです。

雰囲気とひと口に言ってもさまざまです。アジア諸国、アメリカ、北欧など、どの地域や国をテーマにするのか。デザインでいえばポップ、モダン、シック、キュートなど。そのほか、生活スタイルや空間イメージ、カラーコンセプトなど、考えられることはまだまだあります。

こういったものに加え、基本コンセプトや資金、立地、物件の規模、提供するメニューなどをふまえて、自分流にアレンジしていきます。

ただし気をつけたいのが、個性を追求するあまり、奇抜になりすぎてしまうこともある点。もしだれからも共感を得られなければ、お店を続けていくことはできません。行きすぎた個性は逆効果になりかねないので注意を。

次ページに挙げた第1章での具体例を参考に、自分だけの個性について考えてみましょう。

■アジアンカフェ
ベトナム、タイ、インドネシアなどの国々のインテリア、食器などを使い、アジアの雰囲気がただようカフェ。チャイ、中国茶などをメニューに取り入れたり、無国籍的なところが、かえってアジアらしいムードをかもしだすことも。ドリンク、フードの種類が豊富な点も人気になっている。

■モダン
おもに「ミッドセンチュリー」といわれる、1950年代〜60年代にアメリカや北欧でデザインされ、生産された家具類、照明器具などを中心とするお店を指す。なかには「昭和モダン」なども。懐かしさの中に新しさを感じるデザインの総称としても用いられる。

■人気店の雰囲気づくりとポイント

和風

人気のワケ

住宅街にひっそり佇む隠れ家的雰囲気と、築40年以上の木造アパートの懐かしい雰囲気が魅力。本格的なインドカレーが、和風モダンの店内と見事にミスマッチする。

ポイント

柱は当時のまま利用。壁は塗り直しているが、昔ながらの土壁。カウンターや梁に日本家屋で使われていた廃材を利用。何十年と燻された味わい深い色つやが、店内の雰囲気に厚みを加えている。

SPICE cafe（048P）

異空間

人気のワケ

常識にとらわれない個性的な内装は、ミュージシャンだったオーナーの趣味。食事と空間を提供するだけでなく、お客さまコーナーを設けるなどして、店づくりに参加することができるのも人気の秘密。

ポイント

「ほかにはない店」を意識して、壁を真っ赤に塗り潰した。手づくりのイスはやや大きめで、ド派手な店内でもゆったりくつろぐことができる。メニューに店名を入れたり、奇抜な内装に負けないインパクトを与えている。

★mashman's★cafe★(036P)

モダン

人気のワケ

喧噪からちょっとはなれた裏路地にあるため、ゆったりと落ち着ける雰囲気。アピールしすぎないインテリアは、いつ来ても心地よく、飽きることがない。

ポイント

内装はポップなイメージ。淡いクリーム色の壁や天井に、アクセントとしてイスやインテリアに派手な色を使い、シンプルでモダンな雰囲気を演出している。

タコキッチン（024P）

レトロ

人気のワケ

かわいらしい羊のキャラクターもさることながら、ヨーロッパの山小屋のような雰囲気が、自慢の焼き菓子の味を一層引き立てる。アレルギーの人でも食べられるメニューも人気がある。

ポイント

ショーケースや飾り棚は、アンティークで統一した。羊型のケーキだけでなく、羊飼いの笛など小物も販売し、細かい雰囲気づくりも徹底。天然酵母のパンを焼く香りも加わり、田舎の雰囲気をうまく表現している。

三月の羊（054P）

知的空間

人気のワケ

現代アートの作品展示のほか、講座なども開催。大きなガラス窓から店内が見通せる開放的な雰囲気で入りやすい。インテリアは白をベースに。自家焙煎のコーヒー、自家製ケーキの味にもこだわっている。

ポイント

無駄なものがなにもない壁面を作品展示のスペースに活用する一方で、ブックコーナーなどにオーナーのモノを選ぶ目が生きていて、空間づくりにメリハリが利いている。

appel（042P）

隠れ家

人気のワケ

カフェらしくない外観と、足を踏み入れると予想を裏切る、ゆとりのスペース。ちょっと入りにくいところもあるが、かえってワクワク感をつのらせる。元パティシエのオーナー手製のスイーツも好評。

ポイント

元電器店を改造し、2階を客席スペースに。天井裏や押し入れも空間に取り入れている。展示される作品をはじめ、オリジナルのケーキ、イスやテーブルなどにモノづくりの楽しさが表れ、テーマが一貫している。

HATTIFNATT（018P）

注目カフェが教える！ part 1

お店の雰囲気づくり

key word 開放感　通風・採光

限られたスペースであればこそ、居心地のいい空間にするには工夫が必要。とくに自然光と風をいかに取り入れるかは重要。照明も上手に利用して居心地のいい空間を演出しよう。

point 1

窓

「見せる」「隠す」にも気を遣いたい

窓は、店内の明るさや開放感を演出するための重要な要素。採光性や通気性には十分配慮したいところです。また、歩道に面している場合などは、外部からプライバシーを守ることも必要になってきます。

ほとんど店内が丸見えになるくらいの大きな窓があるので、照明は天井のダウンライトでも十分な明るさ。作品が展示替えになったことがひと目で見て取れるのもメリットだろう（appel）

元は住居だったため、窓の位置は低いが、そこが計算づくめのカフェになく馴染みやすいところ。入り口の扉にも窓を設け、外光を取り入れている(HATTIFNATT)

道路側を一面ガラス窓にすることで、奥行きのある店内に十分な明るさと開放感を実現させた。また、視線の高さに目隠しをつけることで、お客さまのプライバシーにも配慮した（タコキッチン）

point 2 照明

光のあてかたや種類によっても印象が変わる

照明の色調、光の強弱で店内の雰囲気はがらりと変わるもの。蛍光灯、白熱灯、ハロゲンライトなど、性質の違う照明はいろいろあります。雰囲気を壊さないよう、お店に合った選択をすることが重要です。

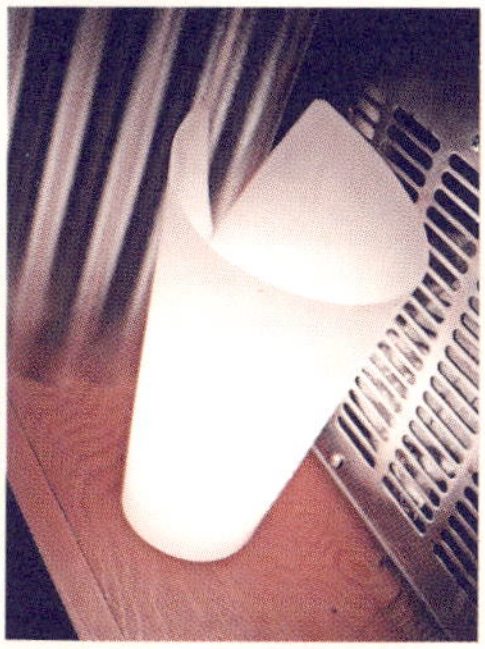

外から見える位置に、モダンなデザインの照明を設置。お店のイメージに合わせてハンドメイドしたものもある。外部に設置した3つのライトは、方向をそれぞれ変えることで、十分な光量のわりに眩しすぎない（タコキッチン）

洗面所には真っ赤な照明を設置。とことんこだわり抜いた大胆な演出だ（★mashman's★cafe★）

壁面に展示した作品のために、移動式のスポットライトを設置。白い壁に反射する光が、ムードのある光となって客席を演出する。店外では、お店の「白」を目立たせるよう、扉を中心にライティングしている（La Vue Blanche）

注目カフェが教える！ part1 お店の雰囲気づくり

key word 色　素材　居住性

入店した人に、まず店の印象を与えるのが壁や天井。色だけでなく素材や質感など、大切なポイントは意外とある。インテリアを飾る場所としてではなく、お店の顔として、こだわってみよう。

point 3 壁

色、素材など、こだわるポイントは多い

広い面積を占めるため、もっとも目につきやすいところです。そのため、雰囲気づくりには欠かせないポイントにもなってきます。直接触れるものではありませんが、色やデザインだけではなく、質感や素材にも気を配りたいものです。

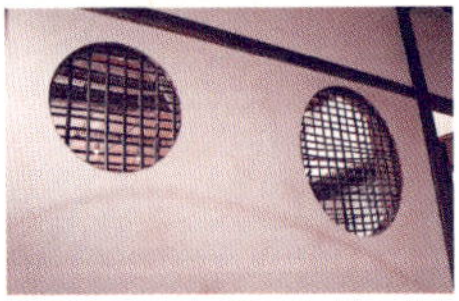

壁は環境にやさしい土壁を採用。骨組みとなる竹格子を生かして、後ろの壁に丸い光が浮かび上がる、月窓も作成した。小さな窓があった場所を塗りつぶして、違い棚をつくり付けている（SPICE cafe）

しっくい壁に見えるが、じつはベニヤ板にやすりをかけ、ペンキを塗ったもの。階段の手前で目につきやすい場所には、一輪挿しなどを置く（HATTIFNATT）

洗面所の壁には、手書きのイラストが。タイル貼りの洗面台とともに、どこか懐かしさを感じさせる仕上がりになっている（unna）

point 4 天井

天井の低さは色や照明でカバーする

ソファに腰掛けたときなど、天井は意外と目につきやすい場所。壁とともに全体の印象を決める重要なポイントとなってきます。既存の質感を生かすか、新たに造り込むか、お店のイメージに合った方法を取り入れましょう。

和室の天井板は、薄いため取り除くのは容易。入り組んだ配線だけを業者に依頼した。屋根の裏側はランダムに切った板を後付けし、白く塗装するだけで山小屋風に変身（HATTIFNATT）

環境や資源のことを考え、天井はあえてむき出しに。倉庫だった建物の面影が、「スロー」というキーワードのお店にうまくマッチ（café Slow）

point 5 etc

小物や雑貨で細かい演出を

インテリアや小物、植物など、お店の雰囲気を演出するものはほかにもたくさんあります。色やデザイン、形、大きさなどを上手に組み合わせて、お店の雰囲気づくりに役立てましょう。

珪藻土で仕上げた床。珪藻土は化学物質を放出しないだけでなく、木炭の数十倍ともいわれる超多孔質で、ホコリや花粉などを吸着する作用がある（café Slow）

何気なく入り口前に置かれた植物が、駅の近くにありながらほのぼのとした田舎を思い起こさせる（三月の羊）

シンプル＆モダンな店内にアクセントをつけるのは50年代の映画ポスター。こうしたインテリア類は、オーナーが自分で気に入ったものを集めている（タコキッチン）

お客さまのニーズに合わせて、お店の「ウリ」を考えてみよう

自分のやりたいことをやっても、すべてがうまくいくということは少ない。人、場所、時代が何を求めているか、また何が流行っているのかを考え、お客さまに求められるものを提供することも重要になってくる。

メニュー構成と同時に考えておくべきこと

お店を開くにあたって、コンサルティング会社などでは市場マーケティングという方法により、出店先の立地条件での経営の予測を行います。

個人営業といえども、その場所・その周辺の人がカフェに何を求めているかをあらかじめ調べておくことが大切です。どんなメニューが売れるのか、「やってみなければわからない」では開店後に後悔しかねません。お客さまの好みや客層に合わせたメニューの提案ができれば、ある特定の料理で人気を呼ぶことも期待できるのです。

それには、お店を出したい街があれば、まず自分の足で歩き、どんなスタイルのカフェがあるか、どんなメニューや雰囲気のカフェに人気があるのかを知ること。そして集客が期待でき、まだ出店されていないジャンルを選ぶことです。今までにないカフェをはじめるのは難しいものですが、この方法なら具体的なイメージがわいてくると思います。

再び来店してもらうには強い印象づけを

前にも述べましたが、お客さまに好印象が残れば、リピーター客になってくれるかもしれません。カフェに限らず、お店の印象はなかなか残りませんから、一度来店したお客さまにハッキリと伝わるようなメニューの絞り込みを考えてみてもいいでしょう。

専門店並みに絞り込まなくても、中心となるメニューがあれば、より強いイメージを与えることができるのです。そうすれば「あのお店なら○○がある」と思わせることもできるでしょう。

では、具体的にどこでどういったニーズがあるのでしょうか。お客さまがどんなシーンで利用するのかを、自分のカフェのスタイルをふまえて考えてみましょう。

■都市計画のプランも調べよう

オープン後、しばらくして近くにショッピングセンターが建ち、お店の前をたくさん人が通るようになったとか、逆に人の流れが変わって人通りが少なくなったというケースは珍しくない。

郊外の静かな立地であっても、知らないうちに大きな商業施設ができ、人の流れが変わってしまうこともある。役所の都市計画課には都市計画の具体的な内容を記した書類「マスタープラン」があり、自由に閲覧することができるので確認しておこう。

■利用者層のニーズに見るメニューづくりのポイント

●食事に力を入れる

ランチで需要が多そうなのはオフィス街、学生街、または商店街などです。オフィス街では、女性向けのメニューをつくり、ＯＬとサラリーマン、どちらにも対応できるようにします。学生街なら、ランチとディナーメニューを、ボリュームと値段を中心に考えてみましょう。

●コーヒー・紅茶で勝負したい

コーヒー・紅茶が好きな人だけではなく、おしゃべりしたいときや疲れた体を休めたいという場合もあります。住宅街や商店街の、散歩している人や買い物客などに需要がありそうです。内装は気軽に入れて落ち着ける雰囲気がいいでしょう。ドリンクがメインなので、コーヒー豆や種類にはこだわりたいところです。

●デザート・スイーツなら負けない

やはりこれは女性客がターゲットになります。考えられるのは主婦のいる住宅街とOLのアフターファイブ、それにデートや買い物スポットとなる繁華街。ただし、オフィス街なら土・日が、デートスポットなら平日がヒマになります。仕込みの量やアルバイトの数など、バランスをうまく考える必要があります。

●ナイトメニューを豊富に

お酒と食事、どちらをメインにするかで変わってきます。バーのようなお店にしたいならサラリーマンやOL、食事メニューを豊富にしたいのであれば、そこに学生もターゲットとして加わるでしょう。あえて夜が静かな住宅街を選んで、隠れ家的な雰囲気を出すというのもひとつの手です。

老舗の集まる街で新しいニーズの掘り起こし

横浜の「タコキッチン」の場合は、隠れたニーズの掘り起こしに成功した一例だ。

お店がある馬車道通りは、歴史の香りただよう大人の街。周囲に老舗と呼ばれるところが多く、「タコキッチン」のようなスタイリッシュで若者に受けるようなお店はあまりなかった。

しかし周辺には、横浜スタジアムやみなとみらい21地区、中華街など、若者が集まってくるスポットが数多く点在する。オーナーの高橋さんはそこに目を付けて出店を決意したのだ。ニーズをとらえて、いまでは街の人気店となっている。

オリジナルカフェづくりのヒント 04

やっぱりカフェはメニューで決まる。ニーズをとらえるためにすべきこと

「インテリアが素敵」とは言っても、やっぱりお客さまは食事やコーヒーが楽しみ。雰囲気やインテリアだけでなく、自慢メニューをつくることが、人気店への第一歩だ。

お客さまをたくさん呼ぶメニューのつくり方

いくらスタイリッシュで雰囲気がよくても、やはりコーヒーや食事がおいしくなければ、お客さまは来てくれません。食事はもちろんですが、コーヒー豆や茶葉も、いいものにこだわって提供するお店ほど、味にうるさいお客さまを納得させることができます。それは口コミにのってさらに多くのお客さまを呼ぶことにつながっていくのです。

カフェスクールなどでは、コーヒーの淹れ方や定番メニューのつくり方などは教えてくれますが、それらはあくまで基本的なもの。自分のお店のメニューとするには、さらに工夫が必要です。

メニュー決定までの手順とは？

まず自分がおいしいと思ったもの、食べてもらいたいものを基本に、候補となる料理をピックアップします。そして実際につくってみて、手間や原価、売り上げ予測なども考えて、実現可能なものだけに絞り込んでいきます。

その次には実際に料理をつくり、試食をしてもらいます。多くの人から感想を聞くため、できれば何度も試食会を開きたいところです。ここでは本番同様に、注文を受けてから調理していきます。給仕する際は、値段、商品名も伝えるようにします。

味はもちろん、メニュー名、値段、調理時間、見た目、食器など、思ったことをどんどん言ってもらいましょう。自分ではいいと思っていても、客観的な意見を聞くことで、1人ではわからなかった問題が浮き彫りになってくるものです。

もちろん、最初から順調にいくとは限りません。味付けや盛り付けを変えればいいのか、それともメニュー自体を考え直さなければならないのかなどを検討し、ひとつひとつ解決していけばいいのです。

■試食会

ここでちょっと注意したいのは、友人などの意見だけを信じないようにすること。そして少数意見にまどわされないようにすることだ。自信のある料理であっても、試食会での意見は柔軟に取り入れるようにしよう。もっとも大切なのは、お客さまの要望を知って、喜んで食べてもらえることなのだ。

■メニュー決定までの流れ

1 コンセプトを決める

食べてもらいたいもの、自分がおいしいと思ったものを基本に考える。お店のコンセプトや立地、予想される客層なども考えて決めよう。

2 具体的なメニューを決める

コンセプトをもとに、パスタなのかパンなのか、肉なのか魚なのかというメインの材料だけでなく、味付けなども具体的に考えていく。

3 調理

実際に調理してみる。素材や設備、手間なども考えて、足りないものや不要なものを洗い出していく。必要ならばメニューづくりからやり直す。

4 名前、値段などを決定

メドが立ったら、名前や値段を決定する。ネーミングは客層やコンセプトにあわせて、魅力あるものに。値段は、周辺の相場と原価率を考え決定する。

5 試食会

友人・知人などを呼んで試食してもらおう。実際のお店と同じように給仕し、味だけでなく、値段やボリューム、名前などについても評価してもらう。

6 分析、再構成

試食会の評価をもとに、メニューを再構成する。味付けを変える程度でいいのか、メニューそのものを変更するのか、見直しを図る。

7 再チェック

再び試食してもらう。変更したものは改善されているか、新しく加えたものはどうか、全体的にチェックしてもらおう。

8 決定

すべて納得いくものができたら、ようやく正式メニューとして決定。

コーヒー豆は焙煎の相性で判断

メニューと聞くと、食事を思い浮かべる人も多いだろうが、コーヒーにもさまざまな種類がある。自家焙煎カフェの「Caffè Delfino」は、ブレンドを4種類、ストレートを12種類用意している。ストレートとは1種類の豆、ブレンドとはいくつかの種類を混ぜ合わせたもの。豆は種類によって煎り具合を変える。というのも、豆と煎り具合にも相性があるため。

このお店に限らず自家焙煎しているカフェは、その相性を基準に独自の味をつくり出している。コーヒーに特別なこだわりがない人は、酸味、苦味のバランスのよいブレンドを選ぶのが無難だ。

注目カフェが教える！ part 2

オリジナルメニューはこうして完成した

key word 味　プライス　健康　食感

注目カフェにはそれぞれ評判のメニューがあります。

しかし、すべてのメニューが順調にできあがったわけではありません。

それぞれに隠された物語を参考に、自分のオリジナルメニューづくりに役立てましょう。

「チーズオムライス」（980円）
La Vue Blanche

Good Taste !!

とろ～りチーズが卵と絡む

お店を開こうと決意したとき、小さいころからよく作っていたオムライスをメニューにしようと考えていた原さん。料理人の経験がないので、自信をつけるため、毎日何十個もの卵を使って練習したそうです。自宅をカフェに改装しようと決めたとき、客として来るのは地元の人たちだろうと考えていました。でも、実際はじめてみると、やってくるのはサラリーマンやＯＬの人たちばかり。ただ、そのおかげで毎日のランチは大盛況。女性だけでなく男性からも支持を得て、オムライスは瞬く間に人気メニューとなりました。

オーナーが運命的な出会いをした

いつかお店を開きたいと思っていた高橋さんが、沖縄に行ったときのこと。タコスの具をご飯の上にのせた、名物のタコライスと出会いました。レタスにトマト、ひき肉などなど、鮮やかな彩りがご飯と一緒になると、なんともおいしくなさそうに見えました。ですが、恐る恐る口にしてみると、あらびっくり。予想以上においしかったのです。そのギャップに感動した高橋さんは、多くの人にいろんな驚きが与えられるということで、カフェをオープンすることに決めました。人気メニューはもちろんタコライスです。

Good Taste !!

「タコライス」（840円）
タコキッチン

人と環境にやさしい

人や自然とのつながりを見つめ直す「スローライフ」を実践する場としてオープンしたのがこのお店。「食」はスローライフには大切なものと、有機野菜やフェアトレードにこだわった食事メニューを作ってきました。なかでもこの「スロー定食」は、有機野菜や自然食品など、スローな香りがふんだんに詰まった一品。肉などの動物性原料を使わず、雑穀や有機野菜だけでつくられています。身体にやさしいのはもちろん、「1キロの肉を育てるのに10キロの穀物が必要」といわれていることから、環境にもやさしい定食なのです。

「スロー定食」（1,200円）
café Slow

食事にもデザートにも抜群

ランチメニューも当て込んでいたオープン当初、メニューにはボリュームのある食事メニューが並んでいました。フレンチトーストもあるにはあったのですが、4～5種類程度。しかし、続けていくうちに、ランチよりもティータイムに来る人のほうが多いことがわかりました。というのも、ここは住宅街が近くにあり、しかもペットOKのお店。散歩の途中で休憩するという使い方をする人が多かったからです。そのため、食事よりもドリンクや軽食がよく出るようになり、当初から評判のよかったフレンチトーストを増やしていったのです。

「フレンチトースト　チキン」（1,050円）
unna

世界を食べ歩いたオーナーの自信作

世界中を食べ歩いた伊藤さんが感じたのは、カレーが世界中で食べられているということと、フレンチやイタリアンと比べて、カレーは楽しみ方が少ないということでした。帰国後、インド料理やイタリア料理などのレストランで修業を積んだ伊藤さんは、そこで覚えた前菜やデザートの技術を生かし、カレーのコース料理で勝負しようと独立を決意。何度もの試食会を経て現在のカレーコースができあがりました。和風モダンに改造された木造アパートの珍しさも手伝って、いまでは多くのお客さまから支持されています。

「カレーランチ」（850円）
SPICE cafe

意外性と食感にこだわった夢のスイーツ

子どものころの夢が「喫茶店の経営者になること」だった高嶋さん。高校時代、「料理は独学。でもケーキは勉強が必要」と、卒業後に調理師学校で基礎を学びました。お店では、ホテルや洋菓子メーカーでの経験が役立っています。ベースになるパイ生地は、その日の朝に焼き上げたサクサクのもの、スポンジはできたてフワフワのものを使用。オーダーが来てからケーキを仕上げています。開業以前に「おいしいだけではお客さまを呼べない」ことを体験しているだけに、いかにおいしそうに見せるか、食べたときいかに満足感を与えられるかにこだわりを見せます。

「さくさくシフォンのふんわりショート」（578円）
HATTIFNATT

オリジナルカフェづくりのヒント 05

お店のスタイルを決定するため 立地・人脈を最大限に生かそう

立地や人脈はお店の経営を左右する重要ポイントのひとつ。立地の特性を知ることで、お客さまの「顔」が見えてくる。人脈を活用することで、自分1人よりも大きな力を発揮することができる。

大手チェーン店にはできないことが武器になる

立地によってニーズが異なることは前のページで触れましたが、立地の特徴をとらえて、うまく活用するということも、大切なポイントになります。オフィス街や住宅街、学生街など立地ごとにカフェのニーズは違い、経営スタイルも変化します。

同じエリアに大手チェーン店などがあれば競合になると思うかもしれませんが、個人経営ならではのサービスを提供できれば、競合することはありませんから問題にはなりません。

たとえば食材を厳選したオーガニックなメニューを提供したり、ゆっくりくつろいで過ごせるような雰囲気をつくったりと、大きな規模のお店にはマネできないことを強みにすることで集客できるのです。

何かのときに頼りになる人脈をつくる

また、人脈を生かせば大きな武器になることも見逃せません。同じ地域のカフェ経営者と知り合いになれば、お互いに協力し合い、それぞれが違う方法で集客を考える方法もあります。42ページで紹介したギャラリーカフェ「appel」をはじめ12店舗が集まってのイベント「アートと喫茶」は、お店紹介と展示内容の情報を共有し合い、お客さまに発信することで成功しています。

自分の地元で出店する場合なら、顔なじみの工務店や酒屋、八百屋などが、技術指導してくれたり、材料のバラ売りといった融通を聞いてくれたりします。地元でない場合でも仲のいいデザイナーから工務店、厨房器機メーカーへと顔がつながっていくこともあります。

このような人脈があれば、業界の貴重な情報が得られるだけでなく、何か問題が発生したときに相談を持ちかける相手としても重宝するはずです。

■接客サービスにも注目

大手チェーン店にはできないことのひとつが、温かい接客サービス。マニュアル化されたあいさつを心地よいと感じる人は少ないもので、たとえばお客さまの名前を覚えて声をかけるだけでも喜ばれるものだ。お客さまの層を考え、どんな接客サービスで迎え入れるのかを考えよう。

■立地を生かすには？

周辺の環境	考えられる特徴
オフィス街	ドリンクの値段では大手チェーン店にかなわないので、モーニングやランチなどを中心にメニューを構成する。スイーツで女性客を、アルコールで夜間の集客を図るのもひとつの作戦だ。
住宅街	静かな立地を生かし、ゆったりとくつろげる雰囲気のお店に。主婦層を狙って、メニューはコーヒーやスイーツにこだわってみる。ペットＯＫにして、動物好きな人たちが集まる場所を目指すのもいい。
学生街	食事やアルコールなどで学生客を狙う。また、芸術系の学校や学科があるなら、本を置いたりギャラリーを併設したりして、お客さま参加型のお店にするのもいい。
郊外	たとえば海が近いならリゾートっぽさを出す、山が近ければ山小屋風にするなど、場所に合った雰囲気をつくる。都心より家賃が安いので、材料にこだわるなど、お金のかけどころを工夫することができる。

■人脈を生かすには？

地元の人
顔なじみの商店主などがいれば、多少の融通は聞いてくれる。相談事などもしやすい。
電器屋
酒　屋
デザイナー
先輩カフェ
お気に入りのカフェに行き、思いきって、デザイナーや工務店などを紹介してもらう。
カフェオーナー
同じエリア内のカフェ同士で協力し合うことも戦略的な手段として考える。
建築家
工務店
学生時代の友人
昔の友だちのなかに、意外な技術を持った人がいるかも。自分にない知識を持っているだけでも、貴重な存在になる。
シェフ
行きつけのレストラン
カフェだけではなく、食事やドリンク、それぞれのプロに相談してみるのも重要だ。
アーティスト
食材卸

オリジナルカフェづくりのヒント06

「逆転の発想」で弱点を「強み」にしよう

カフェを開きたいけど、料理が不得意、接客が苦手という人は少なくないはずだ。しかしいま一度、違う角度から見つめ直してみよう。弱点は最大の武器にもなり得るのだ。

見方を変えて前向きに考えよう

はじめてのカフェの開店――すべてが順調にいけばいいのですが、なかなかそうもいきません。自分の苦手なところを、弱点だからと妥協するか、それとも正面から向き合っていくかで、お店のスタイルは変わってきます。どうせやるなら、弱点を逆手にとって、よりよいお店づくりに役立てましょう。

　弱点となりうるものを細かく挙げたらキリがありませんが、おおまかなものをいくつか見てみましょう。

　まず、料理が苦手という人。修業をしても、克服するまで何年もかけてはいられません。それならひとつのデザートや料理だけに特化した専門店にしたり、コーヒーや紅茶を極めたこだわりコーヒーのお店にするという手があります。

　次に、接客が苦手という人の場合。たとえば本や雑誌を置いたり、BGMなどで落ち着いた雰囲気をつくって、お客さまがひとりで静かにくつろげる空間をつくってもいいでしょう。ふれあいよりも空間を楽しむお店にするわけです。

工夫次第で弱点はウリにできる

資金が少ないという場合もあるでしょう。その場合、内装やインテリアなどを手づくりしたり、人脈を駆使して、値段の安い業者を探したりといったことが考えられます。

　そして、立地が悪い場合。入り組んだ路地の奥やビルの2階以上なら、隠れ家的な雰囲気をつくり、駅から離れていたり人通りが少ないところなら、静かで落ち着けるお店にしたり、思いきってオーベルジュのようにしてもいいかもしれません。

　弱点と思っていたものでも、考えようによってはいくらでもウリにできるのです。あきらめるのではなく、弱点も前向きにとらえて、うまく付き合っていきましょう。

■カフェスクールで学ぶ
　カフェ開業にあたってはスクールで学ぶ方法がある。しかし、そこで教えてくれるのは、調理やコーヒー、ドリンクのつくり方や店舗運営などに関する基本的なこと。一定の期間でノウハウを修得できるのがメリットだが、知識だけでは不十分だ。お店を魅力的にするのは、あなたのアイデアと個性をどう発揮できるかだ。

■オーベルジュ
　宿泊施設付きのレストランのこと。郊外やリゾート地などにあることが多く、新鮮な魚介類、有機野菜などを使い健康に配慮した料理を提供する。

■あなたの弱点とその活用法

弱点 料理が苦手

フレンチトーストやカレーなど、なにかひとつの料理をとことん追求した専門店にしたり、自家焙煎カフェや移動式カフェなど、こだわりのドリンクをウリにしたドリンク専門店にする。

弱点 接客が苦手

本や雑誌を置いて、ひとりでも退屈しないようにしたり、インテリアや音楽にこだわって、空間を楽しめるような雰囲気をつくる。会計時の接客を避けたいなら、キャッシュ・オン・デリバリーにしてしまうというのもある。

弱点 資金が少ない

移動カフェにしたり、内装を自分たちでつくった手づくりカフェにする。材料費を抑えるため、解体現場から廃材をもらってきたり、リサイクルショップを活用しよう。業者と仲良くなれば、お得な情報が得られることも。

弱点 立地が悪い

ビルの上階にあるなら、景色のいいベランダや窓際の席を活用したり、都会の隠れ家風にするのもいい。人通りが少ないとか郊外にある場合、静けさをウリにしたり、地元のコミュニティのようなお店にするのもいい。

弱点を克服するには自分の能力を知ること

弱点が本当に問題になるのは、経験の有無ではなく、お店のオーナーが自分のできないことを認識していないケースだ。それがわかっているオーナーであれば、できるスタッフを雇ってサポートさせることもできるが、自分の弱点に気づかないままお店を続けているのはビジネスではなく、自己満足に過ぎない。

自分のカフェで何をしたいか、さらにそれを実現するには何をしなければいけないか具体的に考えることで、自分には何が欠けているかを認識できるよう心がけよう。それを日々繰り返しているうちに、問題解決の力が身につくはずだ。

自分の弱点はどこにあるか知っておこう!

注目カフェが教える！ part 3

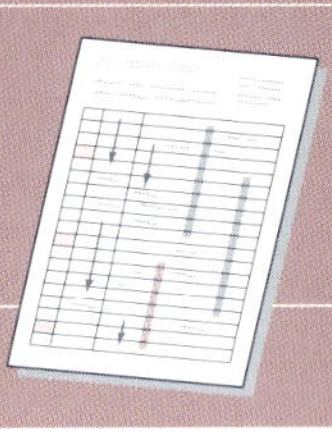

ライフスタイルに合わせた自分なりの営業スタイル

key word スタッフ数　店舗レイアウト　夜メニュー

せっかくオープンした自分のお店。

長続きさせるためには、無理をせず、自分の生活に合った営業スタイルを見つけることがポイントです。

ここで紹介するタイプの違う２店を参考に、自分なりのスタイルを探していきましょう。

自家焙煎カフェ「Caffè Delfino」の場合

「Caffè Delfino」は、東京・世田谷の閑静な住宅地にある自家焙煎のお店。飲み物はブレンド4種類、ストレートコーヒー11種類のほか、エスプレッソやカプチーノなどバリエーションコーヒーとジュース。食べ物はトーストと、下目黒「ル・カフェ・マミィ」から取り寄せた「本日のケーキ」を提供。お店の経営はすべて、オーナーの静野さんが1人で切り盛り。そのためカウンターに8席、2人用テーブルに4席と無理のない店舗レイアウトにしている。

1カ月のスケジュール

SUN　MON　TUE　WED　THU　FRI　SAT

毎週月金
- 牛乳、生クリームが配送される

毎週１度（※特に決まってないそうです）
- 食パンの仕入れ（朝注文して、閉店後取りに行く）
- ケーキの仕入れ（FAX注文の３日後、納品される）

10日に１度
- 焙煎機の掃除

２週間に１度
- ダスキンが玄関マットの取り替え

月に１度くらい
- 消耗品の発注、買い出し
- チラシ（自宅で出力）、ショップカード、名刺（印刷業者に依頼）の作成

※定休日／毎週木曜、月第１・３水曜

1日のスケジュール

8:40　お店到着。店内、器具の掃除
焙煎作業（一日2種類。1種類およそ20分）
焙煎後のハンドピック作業

10:15　シャッターを開け、店前の掃除
お湯の準備など

10:30　開店
※お客さまのいない時間に生豆のハンドピック作業
食事休憩は特になし。空いた時間で簡単に済ませる

19:00　閉店
ポットやヤカン、水回りの掃除
売上金整理
翌日の焙煎予定チェック

20:00　終了、帰宅

ディナータイムも充実「★mashman's★cafe★」の場合

寺崎オーナーは元レストランチェーン勤務の経験から、32席が満員になったときでも効率的に動けるように厨房を設計。18時～23時30分までアルコールと50種類以上の食事メニューを提供するが、短時間で出せるレシピを工夫している。

1カ月のスケジュール

SUN	MON	TUE	WED	THU	FRI	SAT
1						
8						
15						
22						
29						

1日 ・前月のトータル売り上げ累計の計算
・スタッフの労働時間の計算

10日 ・スタッフの給料日
・月後半のシフトを決める

16日 ・月前半の売り上げ累計の計算
・月の見通しをたてる

25日 ・翌月前半のシフトを決める

※年中無休

1日のスケジュール

8：30	オーナー出勤 日替りランチメニューを考える
9：00	ランチの準備
10：30	スタッフ1人出勤。料理以外のランチ準備、掃除、開店準備
11：30	スタッフもう1人出勤 開店。ランチタイムスタート
12：00	スタッフもう1人出勤 ピークタイム
14：00	合間にスタッフの食事休憩 翌日の食材を注文
15：00	ランチタイム終了、カフェタイムスタート スタッフ1人退勤 交替で1・5時間ずつ休憩 ディナータイムの準備
18：00	ディナータイムスタート 照明を落としテレビでDVDを流す BGMをロック調に
19：00	ピークタイム 合間にスタッフの食事休憩
22：00	スタッフ1人退勤
22：30	フードのラストオーダー キッチンの片付け開始
23：30	閉店。レジ締め、洗い物、翌日準備
23：45	オーナー、スタッフ退勤

効率のよい時間帯を選んで営業時間を決めよう

営業時間を考える際には、もっとも効率のよい時間帯を考えることが重要だ。

たとえば、住宅地のカフェなら昼前後から夕方にかけてピークになるし、繁華街のカフェなら夜間はアルコールを出すことで売り上げを伸ばしやすくなる。

このように立地条件によって効率を考えないと、無駄な電気代や人件費に出費がかさむばかりになってしまう。同じ意味で、立地条件のほかにも、

・時間ごとの客層の変化
・曜日ごとに変化はないか
・エリア内の既存店の営業時間

といったことも考慮すべき。

個人経営のカフェでは年中無休にしても結局は長続きしないケースが多いので、定休日は設けたほうがいい。競合店が休みの日に営業すれば集客アップも望める。

カフェの枠にとらわれず プラスαで新発想のお店づくり

いまやカフェに求められるのは、おいしいコーヒーや食事にとどまらない。「癒し」や「くつろぎ」といった雰囲気に加え、多様な遊び方を提案する場としても注目されている。

他店にない発想が新しいニーズを創造する

カフェの多様化が進む現在、カフェはもはやコーヒーを飲むだけのお店ではなくなってきています。個性や独自性を打ち出すためにも、カフェにプラスアルファの魅力を与えることがポイントになってきます。

好きな雑貨を販売したり、若手作家にスペースを提供するケースも増えています。そこで大切なのは、自分がカフェを通じて何を伝えたいかです。他店のマネではなく、自分が本当にやりたいことは何か見極めて、それをオリジナリティとして表現してみましょう。

オーナーが犬好きな「unna」は、犬のことも考えて中央にのびる動線をつくっている。バルコニーも犬用に開放。

ドッグカフェ

犬と一緒に食事が楽しめるほか、犬用のフリースペースが設けられていることも。メニューはローカロリーの健康志向、ドッグセラピー、トリミングなど専門的なサービスも。

ギャラリーカフェ

専用ギャラリーを設けるほか、カフェの壁面を展示スペースとして貸し出すケースが増えている。カフェの営業をしながらの展示となるので、お客さまへの配慮も大切になる。

「La Vue Blanche」では、壁の色やライティングなど、ギャラリーを意識した設計になっている。

イベント開催

専門家を招いてのワークショップや講習会、お店が主体となってのイベントなど、お客さまが参加できる多彩な催しが開かれている。お客さま同士の交流の場にもなっている。

「café Slow」では、「SLOWな夕べ」と題し、ライブや上映会、ワークショップなどを開催。

ブックコーナー＆雑貨販売

店内にブックコーナーを設けたり、雑貨類を販売するお店は非常に多くなっている。品ぞろえによってお店の個性を主張でき、オリジナル雑貨を扱うところも少なくない。

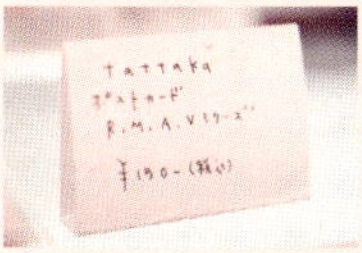

ギャラリーカフェ「appel」では、アーティストブックや作家によるポストカードなど、オリジナル商品も販売。

アレルギーへの配慮

「三月の羊」では、卵や小麦粉、牛乳などのアレルギーがある人にも食べられるよう、それらを一切使用しない菓子やパンもつくっている。

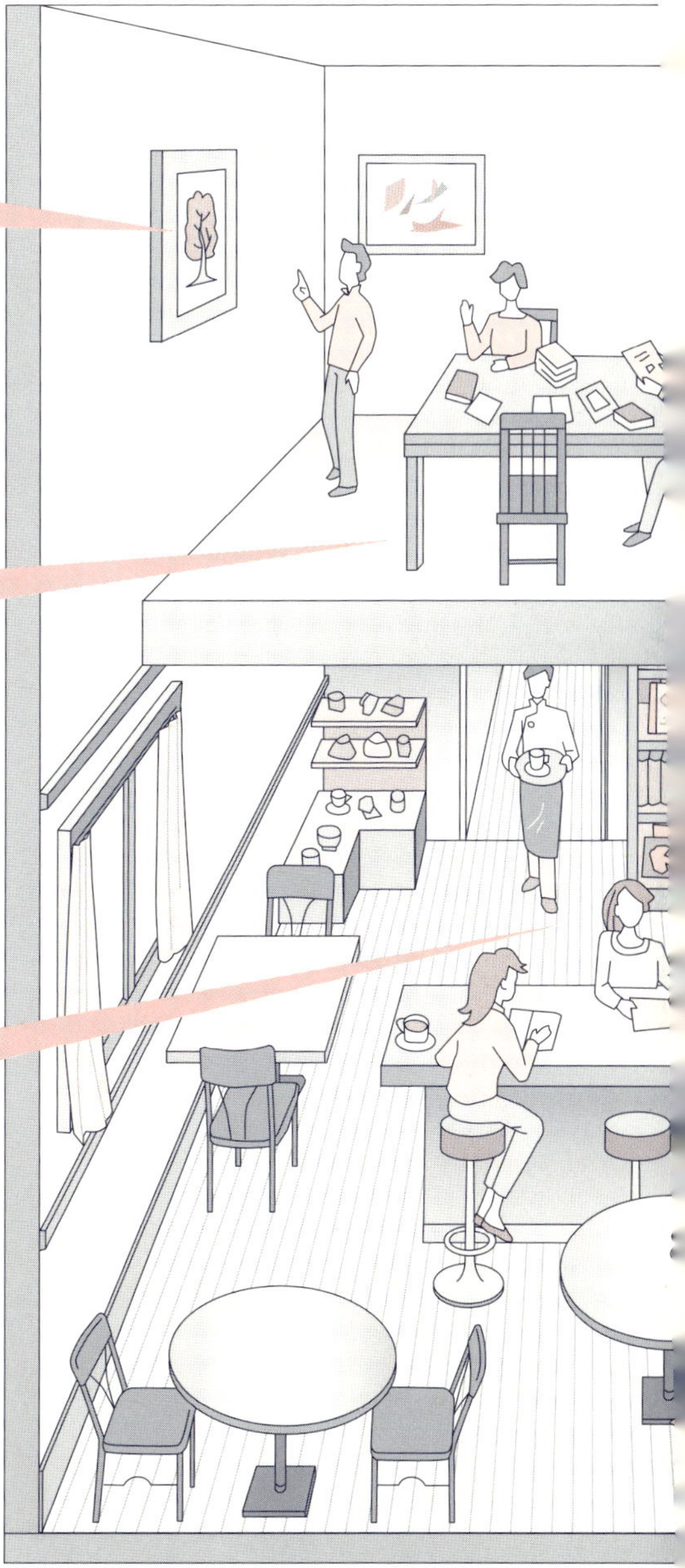

※上のイラストは、カフェのさまざまな複合的な要素をひとつのお店に盛り込んだ想像図です。カフェの枠にとらわれない自由な発想で、自分のお店を描いてみましょう。

友人・夫婦で成功する共同経営のポイント

カフェの共同経営に限らず、1人よりも2人のほうが
何か問題があったとき心強く、成功したときの喜びも倍になる。
しかし、お金や仕事の負担が軽くなるというような理由で共同経営を選ぶと、
いずれ限界をむかえることになる。

共同経営は、本当に失敗のもとか？

「共同経営は失敗のもと」という人がいますが、それはなぜでしょう。オープン当初はお客さまが少なくトラブルもないかもしれませんが、仕事に慣れるにつれ自信が生まれると、考え方の違いが生じることが大きな理由のひとつのようです。

もちろん共同経営で成功しているカフェのオーナーもたくさんいます。たとえば、1人がリーダー的な人であれば、もう1人はサブにまわれるような性格だとうまくいくようです。そのうえでお互いの役割分担をしっかりさせることも大事になってきます。

友人同士でオープンさせた「unna」の根峯さんと平井さんの場合を見てみましょう。2人の役割分担では、内装やインテリアに関しては、デザイナーでもある平井さんに一任。オープン当初に中心メニューだったチキン料理は根峯さんが手がけていましたが、フレンチトーストをメインメニューにしてからは、つくるのが得意だという平井さんが受け持ちました。そのほかの業務に関しては、その時々で分担しています。

次は夫婦で経営する「三月の羊」の芹沢さん。夫・章正さんがパンや焼き菓子をつくり、それを妻・久子さんが補佐するのを基本に、接客はそれぞれ手の空いているほうが担当しますが、忙しい場合は、「それが表情に出ていないほう」（章正さん）が接客するといいます。

以前、お店の経営は章正さん1人でやっていたこともあり、基本的には夫が主導権を握っている形ですが、図書館勤務の経験のある久子さんの選ぶ絵本コーナーなど、お店づくりでの意見は積極的に取り入れています。

得意分野の異なる者同士が共同し、共通の夢や目標に向かって進んでいくこと。それが、共同経営をスムーズにさせる第一条件になります。ただし、お互いの能力に差があるのは当たり前。責任や権限などにはきちんと差をつけることも大事なのです。本気で向き合い、能力の差についても話し合うことが大切です。

ここに注意しよう！

- 共同経営に当たる人は、同じ夢や目標を持つ者同士であること
- 1人がリーダー的な要素をもっているときは、もう1人はサブにまわれること
- 「仲がいいから」「負担が少なくて済むから」だけではダメ
- 得意分野の異なる人を選び、お互いの仕事を尊重する。明確な役割分担をする
- すべてに平等である必要はない。給料、権限、仕事量などの差も必要

メリット
お互いに得意なことで支え合える

デメリット
経営がうまくいくと考え方に違いが……

第3章

物件探し＆モノ集め

オープンを目指して準備を始めよう

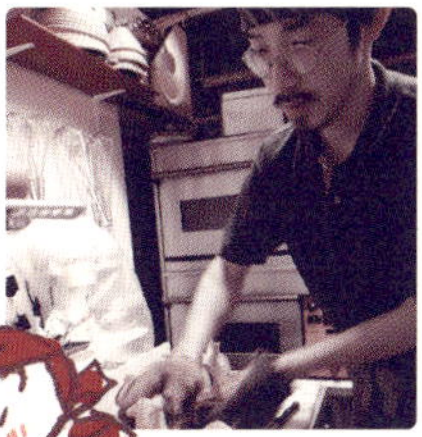

あなたが考える自分だけのカフェは、
いくら斬新なアイデアがあっても、
頭のなかで考えているだけでは
実現できません。
不動産屋、工務店などとの折衝を
はじめ、慣れないことにも
チャレンジしなければならない
からです。「夢」がカタチになるのは、
入念な下ごしらえがあってこそ。
お店づくりは、ここからが本番です。

自分の目指すカフェに合った出店エリアを探そう!

お店の立地は、お客さまをたくさん呼ぶためのポイント。しかし人気のある場所ほど、当然家賃も高い。ここだ！と思える場所を見つけるには、自分の足で歩き、希望するエリアを絞り込んでいくことだ。

コンセプトに合った立地であることを確認しよう

お店を出店する場所を選ぶ際には、どんなことを重視すればいいのでしょうか。すでに開店した飲食店のオーナーへのアンケート結果では「物件取得費や家賃が安い」「人通りが多い」「周辺に友人・知人が多い」「周辺の人口が増えている」という順に多くの意見が寄せられています（国民生活金融公庫調べ）。

個別の物件を検討する場合は、広い間取りや1階の物件を希望する人が多いでしょう。しかし、立地の人気に比例して高い集客力が期待できるだけに、空き物件は少ないうえ、当然賃料も高めになります。すべての希望条件に見合う物件を見つけるのは不可能に近いのです。

では、どのようにエリアを絞り込めばいいのでしょう。もしあなたが仲間が集まるくつろぎ空間を望むのであれば、むしろ好立地である必要はありませんし、コンパクトな間取りのほうが適しているかもしれません。出店エリアを探す際には、お店のコンセプトを明確にし、場所の条件を整理することが大切です。

目当ての物件があれば、徒歩10分圏、20分圏を歩いてみて、競合するお店の数、その特徴を調べることが第一です。さらに、人通りは時間帯・性別・世代・土日と平日などでどう変わり、それがコンセプトに合っているか判断し、場合によってはコンセプトを修正したり、出店場所を考え直す必要もでてきます。

お客さまをたくさん呼べるようなカフェをつくるのなら、たとえば次ページのようなポイントについて調べることでエリアの選定がしやすくなるでしょう。

■現地調査の方法

自分の足を使って調べるに越したことはないが、そのほかの情報収集法として、業界専門誌や新規開業者向けのホームページなどの情報媒体、金融機関や不動産業者、飲食店の店舗物件を専門に扱うコンサルティング会社などから幅広く情報収集する方法もある。

あなたのカフェにとって良い立地とは？

そのエリアの特性	候補地および周辺の立地環境	候補地の特性
お店のお客さま（ターゲット）になる人がたくさんいる	お店に近づきやすい位置関係・動線になっている	お店の看板、入り口などが目にとまりやすく、お店に入りやすい

単に人通りが多いだけではなく、自分のお店に入ってくれる人が多いかを確認すること。上の3つの特性、環境がバランスよく保たれているかを目安にしよう。

注意! 良い立地条件でも目にとまりにくいことも

駅前の通行人の多くがサラリーマンやOL

オフィス街では、何か目的意識を持って歩いている人が多いので、動線も固定されがち。夜間や休日の来店もあまり期待できない。

同じようなビルが並び看板が多い

歩行者は周辺の建物、看板の違いを判断できなくなる。看板は色のほか、形が似ていても同じように見えてしまう。

カーブの内側より外側が目につきやすい

歩行者にとって視界が広がり、内側に位置するお店よりも目立ちやすい。スーパーの店舗開発などでも重視されている。

店舗探しの手順

開業エリアの選定 ▶ エリア内の物件探し ▶ 候補物件の検討 ▶ 正式な賃貸契約

まず希望エリアを特定し、物件の規模、家賃などから候補物件を検討する。希望するエリアでの物件取得が予算的に無理であれば、エリアを広げるか変更を考えなくてはならない。

動線について知っておこう

動線とは一般に、人や物などが移動する経路のことを指す言葉。生活動線、家事動線などが知られているが、店舗計画や道路建設などにおいても重要視されるポイントのひとつ。お店のエリア選定では、たとえば駅の近くに位置する物件の場合、横断歩道の有無によって人の流れは大きく違ったり、住宅地のなかにある場合でも駅への近道になっていて、必ずその道を通る人が多いなどというケースが考えられる。

このような明確な動線を見極められれば、一般的な好立地だけに目を奪われることもないわけだ。

動線の見極めポイント

- 人の流れはあるか？
- 通行量は？
- 通行人の目的は？
- 近くに人の集まるポイントはあるか？
- 入りやすい店構えか？

cafe style

実践的アドバイス part1

競合店の様子や人の動きを調べてみよう

駅からの距離、建物の１階２階、路地を何本入るかなどによって、人の動きは変わってきます。自分のイメージに合った物件を見つけたら、まず人通りや競合店の様子をチェックしてみましょう。

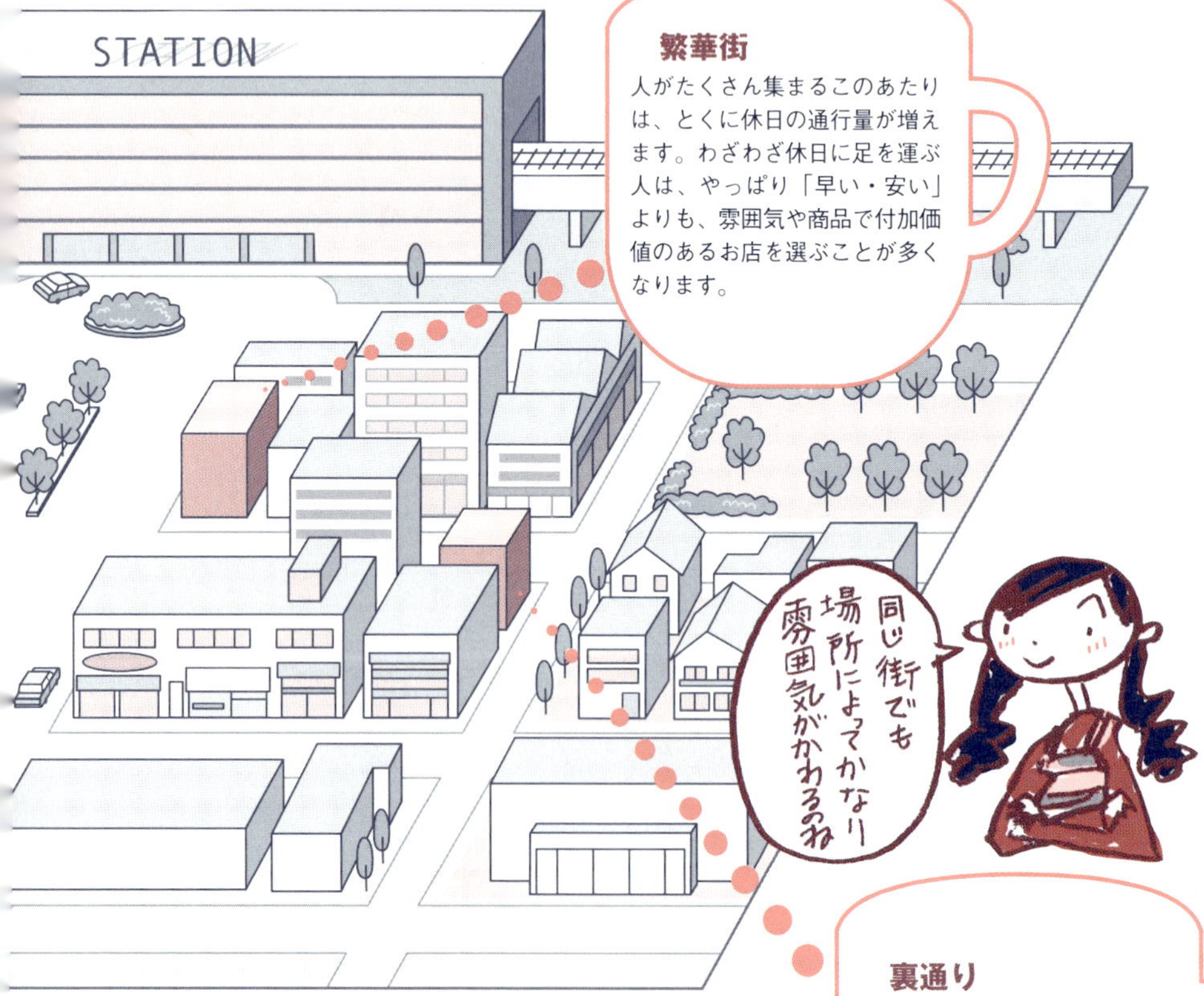

STATION
同じ街でも
場所によってかなり
雰囲気がかわるのね

繁華街

人がたくさん集まるこのあたりは、とくに休日の通行量が増えます。わざわざ休日に足を運ぶ人は、やっぱり「早い・安い」よりも、雰囲気や商品で付加価値のあるお店を選ぶことが多くなります。

裏通り

あまり人通りが多くない裏通りは、新規のお客さまよりリピーター客が多くなります。そのため、お店の雰囲気やメニューなどに独自性のある、隠れ家的なお店が多く見られます。

OPEN
3F
cafe unna

知る人ぞ知るシモキタ

下北沢の人通りの多い通りを、わき道にそれること2回。ビルの3階にある「unna」にたどりつくには、看板を見逃すわけにはいかない。お客さまは、「自分だけが知っている」気分にひたることができる。

人の通行量だけでなく
どこにどんな人がいるかも
重要なんだ

駅前

人通りがもっとも多いこのあたりは、高い家賃に耐えられる大手チェーンのカフェなどが多く出店します。地元の人より、ほかのエリアからやってくる人が多いため、気軽に入れて値段も安い、セルフカフェの需要が高くなります。

オフィス街

モーニングやランチの需要が高いのがオフィス街。リピーター獲得のためにメニューを日替わりにしたり、ボリューム、味などのバリエーションを増やして、毎日来ても飽きないような工夫が必要になってきます。

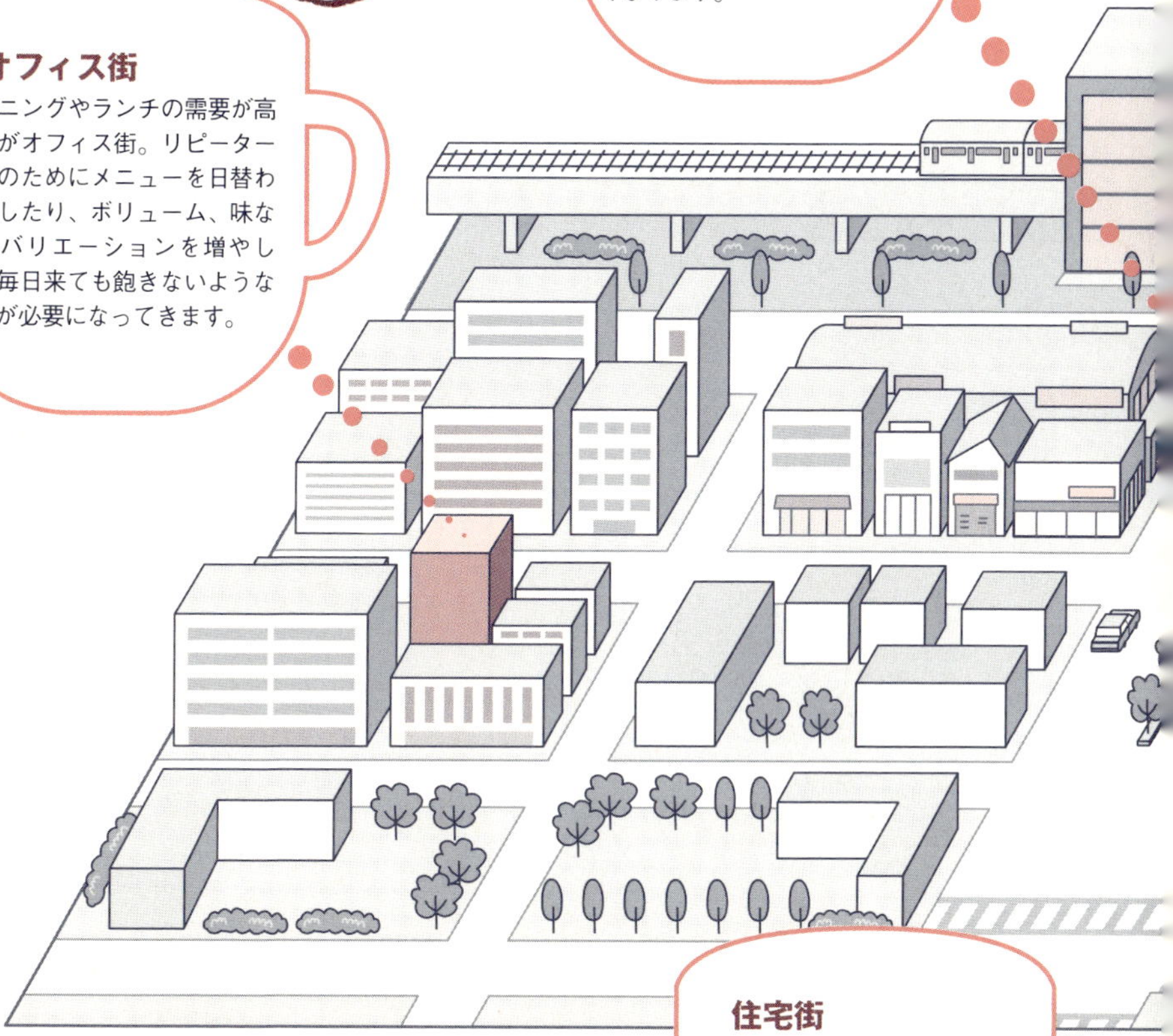

住宅街

客層は地元の人が中心。しかも車や電車ではなく、徒歩で来店する人がほとんどです。そのため、落ち着きやくつろぎの感じられるお店の人気が高く、雰囲気や質が重視されます。

地元以外からも来店

世田谷の静かな住宅街にある「Caffè Delfino」。最寄り駅の東急田園都市線「駒沢大学」駅から徒歩12分という立地ながら、自家焙煎のコーヒーを目当てに、わざわざ遠くからやってくる人も多くいる。

物件の広さ・カタチ・設備をチェックしよう

物件選びでは、立地だけ気をつけていればいいわけではない。お店の広さや設備などによって、オープン後に問題が起こることも少なくない。場所や雰囲気だけでなく、細部までしっかりと確認しておくことが大切だ。

コンセプトとサービスから必要な広さが求められる

カフェは、比較的小規模の物件でも出店しやすく、高い付加価値があればリピーター客も呼びやすいというメリットがあります。それを生かすには、前に述べたように立地が大きなウエイトを占めますが、同時に自分のコンセプト表現にふさわしい物件かどうかも大切になります。

たとえば、飲み物だけでなく、ゆっくりと食事のできるようなお店にしたいのか、あるいは1人のお客さまでも他人を気にせずのんびり過ごせるような空間にしたいでは、求める広さに差が出ます。

さらにスタッフ数、メニュー構成によっても必要な広さが決まります。一番大切なのは、すべてのお客さまに対応でき、ゆきとどいたサービスができるかどうかです。

お客さまのもてなし方でカタチや設備を考える

広さとともに物件のカタチも考える必要があります。変わったカタチの間取りは、オリジナリティを出すことはできても席数の確保が難しくなったりもするので注意しましょう。

そして、なかでも重要なのが厨房のカタチです。いかにカフェ全体がデザイン性に優れた空間でも、厨房が狭かったり使いにくかったりすると、中途半端なメニューしか提供できないということにもなりかねません。什器や設備に関しては、メニュー構成によって必要なものをリストアップし、新たに入手するなら厨房内に置けるかどうかを確認してください。通常、設備工事は専門業者に任せるのが安心です。給排水・ガス・電気・エアコン、換気工事は専門業者に依頼しましょう。

そのほかの設備としては、トイレ、食材などを保存するバックヤードや従業員室も必要になるので、店のレイアウトを考える際には検討事項のひとつに加えるようにしましょう。

■厨房のカタチ
少ないメニューに絞り込んだり、1人で運営し調理もするのなら、もちろん無理に広い厨房にすることはない。最小限の空間でも上手にデッドスペースを活用しているケースはいくらでもある。「HATTIFNATT」では2階をカフェに、1階は厨房だけが占めている。ちょっと不便だがおもしろい空間に仕上がっている。

■コンセプトに合った物件選びのポイント

●広さ

・コンセプトに合った空間づくりができるか
・動きやすく、使いやすいか
・客席・厨房ともに十分なスペースがあるか
・1人で運営するのか、2人以上でやるのか。満員時に対応できるか

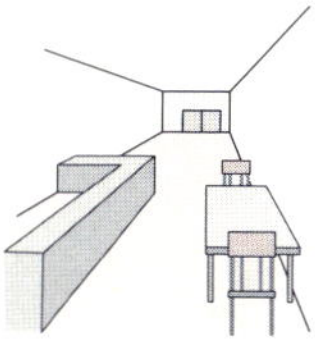

●カタチ

・自分やスタッフが使いやすいか。とくに厨房に注意する
・イメージしている内装やデザインに合うか
・スタッフ、客の動線は確保できるか
・1階か2階以上か。通行人に来店しやすい動線はあるか

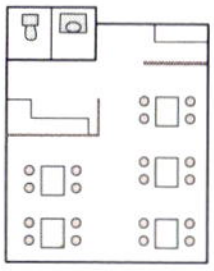

●設備

・什器や設備を必要な場所に設置できるか
・ガス、水道、電源やコンセントの位置と容量、管の長さなどを確認
・窓の数や大きさ、扉や間口の広さはどうか
・換気扇やエアコンの有無、設置場所の確認

●お金のことも同時に考えて！

少なくとも5～6件は実際に物件にあたり、家賃相場をつかもう。店舗取得費や家賃がオープン後の負担にならないためにも、あらかじめ無理なく支払える範囲におさめること。妥協できるものとできないものを、明確にしておくことも必要だ。

物件取得のポイント

・家賃、保証金、礼金などの確認
・周辺の相場と比較してどうか
・売り上げ予測(希望)に対する家賃の割合はどうか。来店者数から坪単価を求め、予算的に実現可能かどうか判断する
・事前に使える金額を明確にしておく

居抜き物件の善し悪し

物件には、設備・内装など何も手の施されていない「スケルトン」と呼ばれるものと、前の店舗の設備や内装をそのまま引き継ぐ「居抜き」というものがある。居抜き物件は、造作と呼ばれる内装や設備、食器類などを譲り受けることができる。

しかし、故障していたりイメージと違うものだったりする場合もあるから注意が必要だ。「三月の羊」も居抜き物件だったが、引き継いだもので実際に使用しているのは、一部の壁や柱などのみ。大部分は新たに購入し直したという。

check point

・いつから空き店舗になっているか
・前の店はどれくらいの期間営業していたのか、できれば、その前の店の情報も

「使えるものかどうか、もう少し吟味すればよかったです」と芹沢さん。

頭のなかのイメージを、絵や図面に描いてみよう

物件が決まったら、本格的にお店づくりがはじまる。いざ実現に向けてイメージを絵や図面に描いてみよう。使いやすい広さや動線が確保できるかどうか考えながら、ひとつひとつレイアウトしていきたい。

無駄な空間ができないよう紙に書いてイメージを整理

希望の物件が見つかったら、お客さまの入りやすさ、動きやすさを現場でシミュレーションしましょう。

そして、あなたが考えるお店のイメージを絵や図面にします。手書きのスケッチのようなものでもかまいません。いろいろと頭に描いていることを目に見えるようにすることで、お店づくりを整理し、他人にあなたの意図を伝えることが目的です。

簡単な方法は、まず物件の間取り図に、厨房と客席をレイアウトしてみることです。厨房の場合は、メニューの数、調理方法、冷蔵・冷凍などの保存方法などから面積を決めます。一般に厨房の占める面積は、喫茶店で15～20%、居酒屋で25～30%とされていますので、客席との配分をよく考えるようにしましょう。

厨房内、客席スペースのレイアウトを考えよう

厨房では冷蔵庫、調理台、コンロ、盛り付け台、シンクの位置関係が重要です。動線が短ければムダな動きがなく効率的になりますから、どこに何を配置すればいいのか決めていきます。

客席で重要なことは、無駄な客席をつくらないことです。必要以上に席数を確保しても、使われなければ意味がありませんし、かえって居心地が悪くなってしまいます。

また4人掛けのテーブル席ばかりになってしまうと、無駄な席が多くなってしまいます。カウンター席や2人席など、1人でも座れる席を基本に、食事も楽しんでほしいという場合にはお店の一角に4人席を設けるようレイアウトしましょう。

これらをはっきりさせておくと、設計・施工会社への意思が伝わりやすくなります。あなたの計画をもとに、基本設計図書、平面図、照明計画、そしてスケジュールなどが提示されます。

■厨房をバージョンアップ？

厨房の広さの変更は簡単ではないかもしれないが、小規模の利点を生かし、営業を続けるうちに少しずつ手を加えることもできる。

たとえば「unna」ではもともとオープンキッチンだったが、お客さまとの距離が近すぎたため、ラックとすだれで間仕切ることに。完全に独立していないだけに、お客さまの反応も感じながら調理することができるのだ。

■ムダの少ないお店をイメージしよう

●●●厨房は調理手順を考えて

厨房での基本となる動きは、

①冷蔵庫から食材を取り出す
②調理台で切る
③コンロで火を通す
④盛り付ける

それぞれに必要な厨房機器を、メニュー構成に合わせて動きやすい位置に配置します。無駄な動きがでないように、手順を繰り返しシミュレーションしてみましょう。

ポイント
一般に喫茶店の厨房は15～20％の広さ

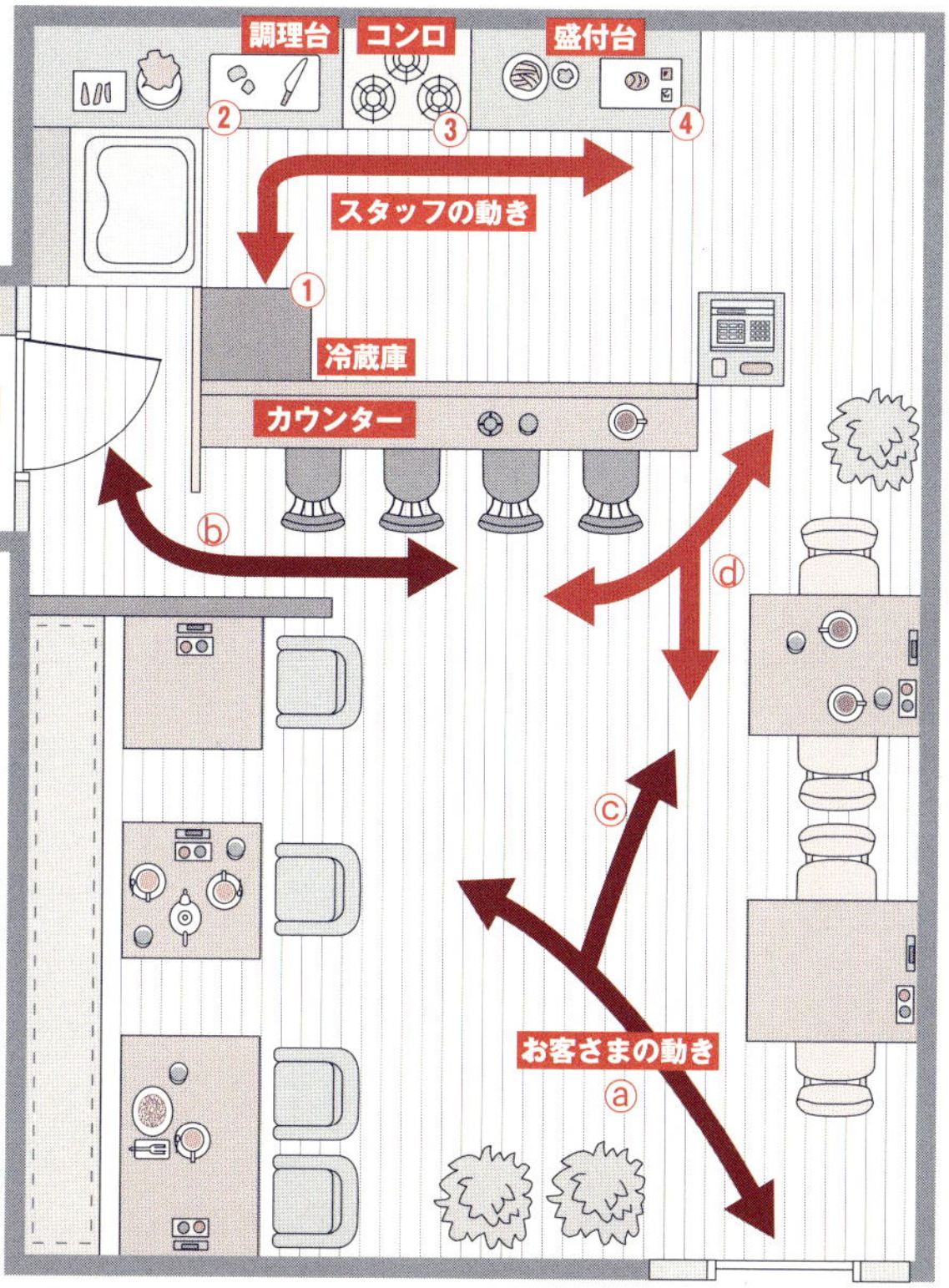

●●●客席は人の動きも考える

限られた空間のなかで、いかにスムーズに移動できるかがポイントです。たとえばⓐ出入口と客席を結ぶ動きのほか、ⓑ客席からトイレ、ⓒレジへの動きに加え、ⓓスタッフが給仕する動きもあります。お客さまだけでなく、スタッフの動線も確保しましょう。

客席の稼働率をアップするには

2人席を多くする以外に、テーブルの下などに荷物を置ける棚をつくることも、客席の稼働率を上げる方法のひとつです。荷物を置く場所がないと隣の客席に置かれ、ほかのお客さまが座れなくなることがあるからです。カゴなどを用意するのもいいですし、また、間仕切りになるような荷物棚を用意すれば、パーティション代わりにもなります。

cafe style

実践的アドバイス part2

使いやすい空間を考えよう。お店設計の3つのポイント

スタッフにとって、また、お客さまにとって
使いやすいお店とはどんなものでしょうか。
人気店を参考に、設計の際のポイントをいくつか見ていきましょう。

客席のレイアウト

席数を多くしても、座ってもらえないと意味がありません。稼働率を高めるために、2人席を基本に、詰め込みすぎず、空間をあけすぎず、適度な座席数を確保しましょう。また、ほかの人の視線を気にしながらでは、くつろぐことはできません。キャビネットや植物を置いたり、座席のレイアウトをずらすなどして、お客さまが落ち着ける空間をつくっていきましょう。

席数を確保することもそうだが、いかに稼働させるかが重要なポイント！

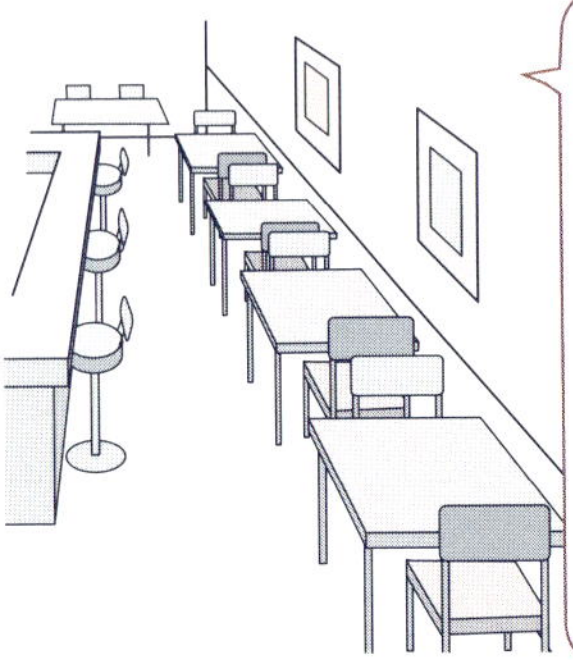

客席スペースの動線

客席スペースも動線を考える必要があります。入り口から客席まで、客席からトイレ・レジまで、そしてスタッフのサービス動線、これらが主なものになります。基本は、メインとなる通路の幅を十分確保することです。また、保健所の基準にもあるように、トイレの位置は重要です。スタッフの動きとぶつからない場所に設置しましょう。

動線同士はあまり交わらないように。スタッフの動線はなるべく短く。

見事な配置でスムーズな動線に

縦長の間取りにうまくレイアウトしているのが「unna」。入り口から店内を見たとき、左側の壁沿いに座席をそろえ、右側に物販スペース、トイレ、厨房と並べた。これにより、真ん中のスペースが唯一の通路となるが、それぞれの並びにより、入り口→客席→トイレ・物販スペースという客の動線と、厨房→客席というスタッフの動線がぶつからないようになっている。

シンプルで効率的な「unna」の動線。

キッチンの動線

キッチンでは、よく使うものを効率的に（短い動線で）配置することが大切です。パスタがメインのお店なら、パスタボイラー・コンロ・盛り付け台などを、コーヒーのお店なら、コーヒーミル・コンロ・作業台・冷蔵庫などを、手順や作業時間によってレイアウトしていきます。

動線は短いほど使いやすい。設備はメニューに合ったレイアウトを心掛ける。

短いキッチン動線で効率アップ

レストランで働いていたこともある「★mashman's★cafe★」の寺崎さん。厨房にはこだわった。まず、客数をさばくためコンロは5口を選択。その隣にシンクを置き、作業後の鍋やフライパンでコンロがふさがらないようにした。調理や盛り付けを行う作業台は、コンロからうしろへ一歩の位置。振り向くだけの動きで、調理から盛り付けまでが済んでしまう、超効率的なレイアウトを実現させた。

広めの厨房だが、メインとなる調理関係の動線は短い。

設備のサイズ

限られたスペースを有効に利用するためにも、店内のあらゆるサイズはきっちりと把握しておきたいものです。とくに長時間使用する厨房機器は、サイズが合わないと、身体に余計な負担がかかってしまいます。そうなると精神的にも不安定になり、運営に支障をきたすことになりかねません。数字をチェックするだけでなく、実際に自分の目で確かめてみることが重要になってきます。

サイズを把握して無駄なスペースをなくす。自分に合うかどうかは原物を見てチェック。
180
160
85～90
75～80

（単位／cm）

特注や手作りを利用

サイズで苦労するのは移動カフェ。既存の設備ではなかなかピッタリ合うサイズをみつけるのは難しい。とくにミニバンを店舗に利用している「ambulante cafe」は、サイズやスペースには気を遣った。シンクは車に合わせて特注し、カウンターは自分で手づくりした。収納は積み重ねることができるクーラーボックスなどを利用し、無駄なスペースを出さないようにした。

車に合わせて特注、手作りした設備類。収納は作業台としても利用。

コンセプトをもう一度具体化して、設計・施工会社に依頼しよう

工事を依頼するとき、どこに何を依頼したらいいのかわからない人も多いはず。工事の内容や種類、どの業者にどんな依頼をしたらいいのか、細かいことまで必要事項を事前にチェックしよう。

内装のデザイン発注はコンセプトから細かく説明

内装のデザインを依頼するときには、細かく具体的に。たとえば「女性1人でも来店できる雰囲気。食事は10種類、ドリンクは50種類を予定。木目調でアジアンテイスト。テーブル席は低め。できれば個室を設けたい」など、コンセプトから雰囲気までを伝えます。使いたい素材の色や形、イスやテーブルのサイズなども具体的に伝えましょう。

またデザインを専門家に任せるなら、複数のデザイナーからプランを募る、いわゆるコンペを行っている設計会社もあり、自分の気に入ったデザインを選ぶこともできます。

店舗設計の見積もりを依頼するときに最低限必要なものとしては、所在地と予定スケジュール、事業計画の内容、出資予算などです。

設計のプランが固まればいよいよ工事の依頼

工事は内装工事と設備工事に分けられます。内装工事には、解体、仮設工事、壁の下地や看板、ガラスの取り付けなどが含まれます。また、設備工事は、ガス・水道・電気などの配管や配線、空調設備の取り付けおよび厨房設備の工事などです。

もちろん物件の状態によって工事内容は違います。とくに設備は既存のままか、新たに配管・配線し直すかによって、費用に大きく差が出ます。予算を考える際には、内装と設備、厨房の大きく3つに分けて考えるのがいいでしょう。

また、設計から施工まで同じ業者に頼むか、それぞれ別々に頼むかによって変わってきます。1つの業者に頼むときは、できない工事（ガス工事や電気の配線は専門業者がいる）や不得意な部門をチェックしておくことも大事です。別々に頼むときは、複数の業者に見積もりを出してもらうこと。相場を知ることで、無駄な出費を防ぐことができます。

■コンペとは？

たとえば、あなたが「こんなお店にしたい」とコンペを主催する会社に申し込むと、その案件が公開される。次に複数のデザイナー、設計事務所が要望を吟味し、興味があれば独自に作成したプランを模型や画像データとして提出。コンペ主催会社を通じて、あなたはプランのなかから自分の気に入ったものを選ぶことができるという仕組み。

デザインはもちろん予算に応じた内容で、複数の業者から短期間で提案を受けられるのがメリット。

■業者に依頼するポイント

●内装・インテリア

・新築か、居抜きか。
新築なら設備の位置など、要望が通るかどうか
・コンセプトやイメージ、全体の雰囲気はどんな感じにしたいか
・色、形、素材など、具体的な希望があるなら伝える
・どこにどんなインテリアを置きたいか
・どんな客層をターゲットにするのか
・気に入ったお店がある場合、そのお店を担当したデザイナーを紹介してもらってもいい

●設備（厨房以外）

・使用する予定の機器と必要な電気容量はどれくらいか
・エアコンはついてるか。どこに設置できるか、または設置したいか
・トイレ、倉庫、従業員室などは十分な広さがあるか

●客席

・食事が中心か、ドリンク中心にするか
・カウンター、テーブル席、個室、テラスなど、どのような客席がほしいのか
・売り上げや客数を予測し、座席数を伝える
・壁や床とマッチしたデザイン

●厨房

・換気扇や排気口はどこにあるか。どこに設置できるか
・使用する厨房機器のサイズを調べ、作業しやすいよう配置できるか
・電気容量、コンロの数、蛇口の数など
・常時何人が厨房にいるのか
・メインのメニューは何か
・どれくらいの売り上げを予測しているか

気に入ったお店探しは業者との出会いでもある

脱サラで知識もなく、「何をどうしたらいいのかわからなかった」という「タコキッチン」の高橋さん。まず、本や雑誌で自分のイメージするお店を見つけ、内装業者を調べた。依頼することを決めた業者は物件選びの段階から同行し、自分のイメージするお店ができるかチェック。また、コスト削減のために自分たちで内装をやりたいと考えていた高橋さんに、手づくりのポイントやノウハウも指導してくれたという。「いい業者さんでよかったですよ」と、満足気な高橋さん。はじめてのお店づくりでも、熱意が伝われば、こんな出会いもあるのだ。

「できるだけ多くの業者との出会いを大切にしたいですね」という高橋さん。

必要な書類を取り寄せ、保健所へ営業許可を申請しよう

お店ができあがってもすぐに営業できるわけではない。保健所をはじめ、届け出なければならないものが残されている。必要な書類を確認したら、オープン日に間に合うよう、しっかり申請しよう。

保健所への届け出

飲食店などを開く場合には保健所の「食品営業許可」が必要になります。許可は、営業場所を管轄する保健所に申請後、実地検査に合格した店舗のみに与えられます。

営業許可申請の基準は都道府県によって違います。まず着工前に、保健所に図面を持参して必要な設備等を確認します。保健所は営業時間内であれば、いつでも相談を受け付けてくれます。

その際、申請に必要な書類をもらって来ること。申請時に必要な「食品衛生責任者」の資格は、保健所や食品衛生協会で開催している講習会を1日受講すれば取得できます。調理師や栄養士などの資格を持っている人は、取得する必要はありません。

申請書類の提出は、竣工あるいはオープンの10日から2週間ほど前に行います。このとき、工事の進捗状況によって立ち会い検査の日程も決定します。許可は休日を除き、2~3日ほどでおります。許可書がないと営業をはじめられないので、日程の調整には気をつけましょう。

【保健所に提出する書類】

- 営業許可申請書
- 設備の大要・配置図　各2通
- 食品衛生責任者の資格を証明するもの
- 申請手数料(東京都で飲食店を開業する場合1万6000円)

※原水が井戸水や貯水槽の水を使用している場合は上記に加え「水質検査成績書」が必要

※法人で申請する場合は上記に加え「法人登記簿謄本」が必要

■食品衛生責任者
飲食店や菓子製造など、食品に関する営業を行う施設に設置が義務付けられている。役割は、衛生管理、教育、従事者の教育など。資格は1日の講習で取得できる。

■青色申告
事業所得や不動産所得、山林所得が生じる人が、毎日の経費や収入を一定の要件を満たした帳簿に記入し、それに基づいて青色の書類で申告することにより、多くの特典を受けられる制度。

■防火対象物
不特定多数の人が出入りする場所がある建物のことで、映画館やホテル、百貨店、遊戯場などがこれにあてはまる。規模が大きくなると、非難訓練の有無や、非常階段、防火扉などの点検報告が必要となる。

税務署への届け出

個人事業主として税金を納めるために確定申告をしなければなりません。まず所轄の税務署に開業届を提出する必要が出てきます。提出期限は原則として開業日から1カ月以内です。

開業届は事業を開始する人すべてに必要なものですが、さらに、青色申告を希望する場合と、従業員を雇う場合とに分けられます。

青色申告をする場合は「所得税の青色申告承認申請書」を開業日から2カ月以内に、従業員を雇う場合は「給与支払事務所等の開設の届出書」を開業日から1カ月以内に提出します。

消防署への届け出

消防署へは、「防火対象物使用開始届出書」を提出しなければなりませんが、通常は施工業者が届け出てくれます。

ただし、建物の収容人数が30人を超える場合など規模が大きくなると、防火管理者の設置義務が出てきます。

管理者になるには講習会を受ける必要がありますので、消防署や施工業者などに確認してみましょう。

【税務署に提出する書類】

- 個人事業の開廃業等届出書
- 所得税の青色申告承認申請書(青色申告を希望する場合)
- 青色事業専従者給与に関する届出書（家族を従業員として雇う場合）
- 給与支払事務所等の開設の届出書（従業員を雇う場合）

【消防署に提出する書類】

（通常は施工業者が提出してくれます）

- 防火対象物使用開始届出書
- 防火対象物の案内図、配置図、平面図
- 消火器や避難器具などの配置図

深夜にお酒を出す場合

深夜12時から日の出までの時間にアルコール類を提供する場合は、「深夜酒類提供飲食店営業開始届書」を各公安委員会（警察署）へ届け出る必要があります。添付書類として、店舗の平面図、照明・音響の設備図、営業許可の写しなどが必要になります。詳しくは近くの警察署で確認しましょう。

移動カフェの営業許可について

許可に必要な設備基準は、何を提供するかで変わってくる。食品や乳類を扱う場合は10度以下、冷凍食品を扱う場合はマイナス15度以下で保存できる設備が必要。また、給排水タンクの容量も、提供メニューの品目数や食器の種類（使い捨てかどうか）で違ってくる。食品の販売は調理・包装済みのもののみ可。もし車内で調理をする場合は、固定店舗と同じ基準が適用される。

【保健所に提出する書類】

- 営業許可申請書（販売車の保管場所、型式及び車両登録番号を記載）
- 営業設備の大要・配置図　各2通
- 出店予定地届出書
- 取扱い食品の仕入先、調理包装施設及び保管場所の届出書
- 許可申請手数料

必要なものを、どこでそろえるか考えよう

限られた予算内で設備を入手するには新品、中古、リースといろいろあるが、それぞれにメリットとデメリットがあり悩むところ。どんな方法でどんな設備を手に入れたらいいのか考えよう。

厨房機器にも保健所の基準がある

飲食店には冷蔵庫やシンクなどがあるのは当たり前ですが、保健所の基準が設けられています。たとえばシンクは2槽以上、トイレは調理場に影響しない場所にあること。さらに客席には換気設備を設けることや明るさの基準（10ルクス以上）まで設けられています。

とくに夏場には食中毒なども発生しやすくなりますので、厨房の周辺をはじめ、お店全体を衛生的に保つように気をつけたいものです。

食品営業許可を得るには、食品衛生責任者の資格が必要なことは前に述べましたが、掃除をするのが食品衛生責任者の仕事というわけではありません。お店のスタッフに衛生意識を徹底させ、それを管理することこそが役目です。

予算内で機器を購入する方法を考えよう

ところで、店舗物件は見つかったものの、以前のテナントが飲食店ではなく厨房施設が何ひとつないというケースもあるでしょう。そんなとき、少しでも安くあげるには厨房機器はすべて自前でそろえ、設置は業者に頼むというやりかたです。

とくに電化製品は動作状況や保証期間などを考えると、やはり新品でそろえたいところですが、予算が少ない場合はリサイクル品を探すか、家庭用で代用するという工夫も必要でしょう。

新品を買うお金がない、中古ではメンテナンスや故障が心配という人にはリースはどうでしょうか。毎月のリース費はかかりますが、初期投資額が抑えられるという利点があります。

イス、テーブル、棚などは自作してみるのも手です。お客さまに、いかにも手づくりカフェという印象を与えることができます。

■食品営業許可の基準について

食品営業許可の基準は、全業種（飲食店、菓子製造など）に共通の「共通基準」と、業種ごとに必要な「特定基準」が定められている（飲食店の特定基準は次ページのコラムで説明）。

共通基準とは、食品衛生法上の許可が必要な、すべての営業形態に共通する施設基準のこと。カフェ経営で対象になりそうなものとしては、住居等と区分すること、食品取扱量に応じた広さであること、調理場と便所に専用の手洗い設備を設けることなどが挙げられる。

■設備を手に入れる方法とポイント

新品を購入

状態や機能、故障対応など、中古品だと不安の残る電化製品

メリット

- 状態がいい
- しっかりとした保証期間
- 清潔
- 気持ちがいい

デメリット

- 値段が高い
- 使い慣れていない

中古品を購入

高額なものや使用頻度の低いもの。

調理台など、性能に差がでないもの

メリット

- 新品より安い
- 新古品が見つかる場合も

デメリット

- きちんと動かない場合もある
- 種類や数が限られている
- 保証期間が短いorない

リースを利用

大型の設備や値段に関係なく新品が欲しい場合。

メリット

- 初期投資がかなり抑えられる
- リース代を経費として計上できる

デメリット

- 途中解約できない
- 長く使えば使うほど割高になる
- 自分のものにならない

ココも大事！

- 保健所の基準をクリアしていること
- イス、テーブルなどは自作して安くあげる

東京都の食品営業許可の特定基準（飲食店の場合）

・冷蔵設備
食品を保存するために、十分な大きさを有する冷蔵設備を設けること。

・洗浄設備
洗浄槽は、2槽以上とすること。ただし、自動洗浄設備のある場合は、この限りではない。

・給湯設備
洗浄および消毒のための給湯設備を設けること。

・客席（抜粋）
客室および客席には、換気設備を設けること。明るさは、10ルクス以上とすること。

・客用便所（抜粋）
客の使用する便所は、調理場に影響のない位置および構造とし、使用に便利なもので、ねずみ、昆虫等の侵入を防止する設備を設けること。また、専用の流水受槽式手洗い設備があること。

cafe style

実践的アドバイス part3

絶対にそろえたい備品と購入のポイント

お店によって必要な設備は変わってきます。
ここでは、どのお店でもぜひそろえたい設備や備品を集めてみました。
これらを参考に、自分なりに必要なものを集めていきましょう。

つくる

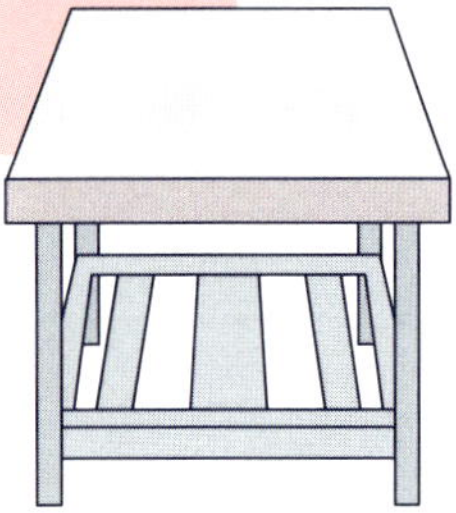

作業台

一般的に、身長÷2＋5センチが理想の高さといわれています。ですがあくまで一般論なので、実際に自分で確かめることが大切です。

洗う

調理

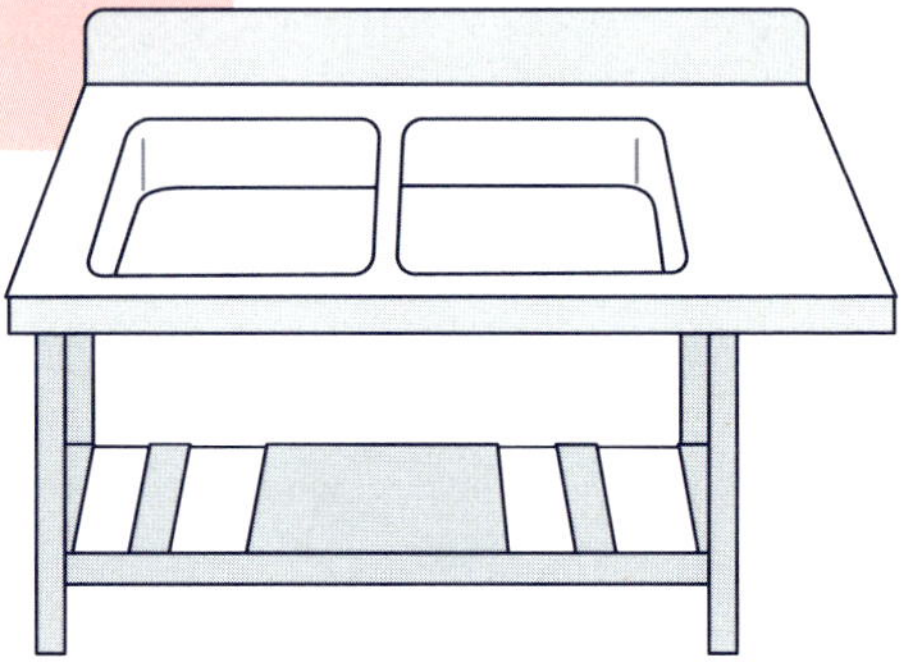

洗浄設備

洗浄設備、いわゆる流しは、2槽以上が義務とされています。保健所が提示している大きさの目安は、幅45cm×奥行き36cm×深さ18cm以上。自動食器洗い器がある場合は1槽でも大丈夫です。

収める

収納

食器戸棚、器具保管庫等

店舗の規模やメニューによって、適当な大きさのものを選びましょう。これらの保管設備には、扉の設置が義務づけられています。

焼く

コンロ

メニューの種類やお店の規模を考えて、大きさ、口数を選びます。レンジフードは隙間のないよう天井に直接設置し、排気やばい煙は、近隣に迷惑のかからないように高さ、方向を調節しましょう。

飲む 食べる

客席

テーブル

２～３人のグループが一番多いとされているので、２人がけテーブルを多くします。可動式にすれば、それ以上の団体にも対応できます。

座る

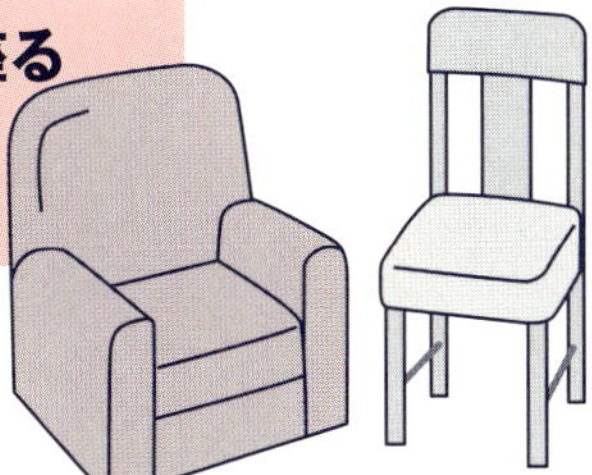

イス、ソファ

一般的に、イス（座面）からテーブルトップまでは280～320ミリが理想とされています。テーブルと合わせて高さを調節しましょう。

コーヒーを淹れる

コーヒーマシン、ドリッパー

手軽で一般的なのがペーパードリップ式。もっとこだわりたいという人は、ネルドリップ式やサイフォン式を。エスプレッソマシンは、フルオートやセミオート、直火式などの種類があります。手間や好みを考えて選びましょう。

氷をつくる

ドリンク

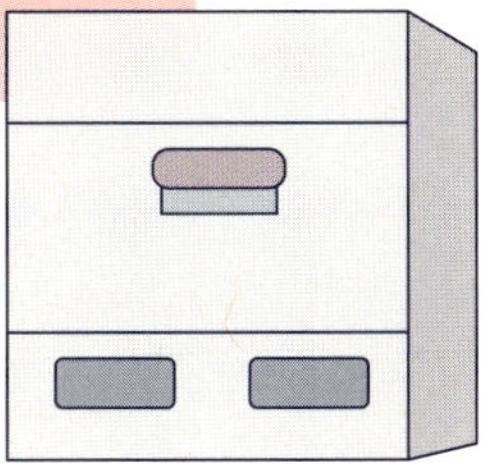

製氷機

製氷機は新品で購入する場合、55リットルでメーカーの標準小売り価格がおよそ70万円。ネット割り引きなどを利用しても40万円ほどです。中古やリサイクルショップなどでは、保証の有無もありますが、数万円から見つかることもあります。

冷やす つくる

スグレモノ

コールドテーブル

背の低い冷蔵庫で、上部を作業台として使用できる優れもの。作業効率やスペースも節約できます。

冷やす

冷蔵庫

メニューなどをふまえ、「十分な大きさを有する」ものを選びます。冷蔵庫内と調理場内には、温度計の設置も定められています。家庭用の冷蔵庫を使用する場合は、内側に温度計を設置しましょう。

毎日使う新鮮な食材や、コーヒー豆&紅茶を仕入れよう

自慢のメニューも、素材が悪ければ台なしになってしまう。いいものを、いかに安く仕入れるかということも、お店を長続きさせる大切なポイントだ。お店で毎日どのように使うかによって仕入れ方法を考えよう。

お店のメニューによって仕入れ方法を検討しよう

仕入れ先を見つける方法は、大きく2つに分けることができます。

まず、ネットや電話帳で片っ端から調べる方法。全国からいろいろな食材の仕入れができ、数多くの業者を見つけることができます。ひとつひとつ調べて比較することで、相場を把握することもできます。加工品や保存食品の大量仕入れには便利ですが、少量仕入れや配達日に融通がきかないのが難点です。

もうひとつは、お店の近所を探す方法。少量仕入れや、自分の目で確かめることもできます。とくに、鮮度が命の生鮮品を仕入れる場合はおすすめです。ただし、いつも同じものが同じ状態であるとは限らないこともあります。

豆や茶葉はサービス重視か、やっぱり味か

コーヒー豆の場合は、大手メーカーか専門店かによって大きく違ってきます。

大手メーカーから手に入れるメリットは、安く大量に仕入れられることです。コーヒーマシンの貸し出しや使い方の指導をしてくれたり、ペーパーフィルターなどの消耗品を無料で提供してくれるところもあります。サービスや利便性を重視するなら大手がいいでしょう。

その一方で、鮮度と味にこだわるなら、自家焙煎の専門店がいいでしょう。ブレンドや焙煎具合を調節してくれるので、自分だけのオリジナルをつくることができます。また、実績が少なくても配達などの要望に気軽に応じてくれます。

紅茶や中国茶などの場合も基本は同じです。小売りもしているようなお店で、好みの茶葉を扱っているお店を探してみましょう。世界中の茶葉を扱うだけでなく、味の特徴などもわかりやすく説明してくれるでしょう。

■ネットで仕入れ先探し

たとえば、青果ネットカタログ「SEICA」（http://seica.info/）は、（財）食品流通構造改善促進機構が所有し、（独）食品総合研究所および農林水産研究計算センター（農水省）の協力により運用している公的データベース。

あらゆる野菜・果物・米などの農産物の産地別・品目別の検索・閲覧が無料でできる。生産者のプロフィールもあり、調べるだけでも楽しくなるサイトだ。

第3章

■仕入れ先のタイプとメリット・デメリット

●大手業者

メリット
- 安く大量に仕入れられる
- マシンの貸し出しや消耗品の提供、オープン時の人的なヘルプなど、特典が多い
- 看板を貸し出してくれる

デメリット
- 少量の仕入れができない。ストックが増える。鮮度が落ちる
- 実績（オープンしてから2～3年）がないと、配達はおろか、取り引きすらしてくれない場合も

●専門店

メリット
- 少量でも購入できる
- 実績がなくても対応してくれる
- 配達日時などの融通がきく

デメリット
- 品切れが心配
- いつも同じものが手に入るとは限らない
- 卸値ではなく小売値で購入しなければならない

●近所での仕入れ

メリット
- 自分の目で確かめられる
- いつも新鮮な状態で手に入る
- 営業中の買い出しも可能
- 近所付き合いが広がる

デメリット
- こまめに仕入れなければならない
- お客さまに仕入れの姿を見られる可能性も

●配送・取り寄せ

メリット
- 仕入れの時間が節約できる
- 出かける手間がかからない

デメリット
- 少量では受け付けてくれない場合も
- 鮮度が落ちてしまうので生鮮品は難しい
- 実績によっては、受け付けてくれない場合も

コーヒー豆の状態は一粒一粒チェックしよう

コーヒー豆には、欠点豆というものがある。その種類は10種類から15種類ほどで、多くは生豆の状態で見られる。たとえばカビの臭いがする「カビ（臭）豆」、きちんと結実しなかった「死豆」、途中で発酵してしまった「発酵豆」など。また、焙煎後は、色ムラのある豆、割れてしまう豆ができることもある。

これらはコーヒーに雑味や異臭を発生させる原因となるため、ハンドピックと呼ばれる豆の選別作業で取り除くことが必要になる。しかし、自家焙煎のお店でも、この作業を行っていないというお店はまだたくさんあるというのが現状だ。

ハンドピックされた欠点豆

cafe style

実践的アドバイス part4

おいしいコーヒーの淹れ方

コーヒーや紅茶には、
それぞれもっともおいしく感じる淹れ方があります。
正しい淹れ方を学んで、自信の１杯を提供しましょう。
先生は「Caffè Delfino」の静野さんです。

ペーパードリップ式の抽出方法（「Caffè Delfino」の場合）

①セットする

ろ紙の底を手前側に、側面を向こう側に折ったら、ドリッパーにフィットするよう指でならしていきます。ドリッパーにはめ、密着させるように押し付けます。コーヒーの粉を入れたら、表面を平らにしていきます。

いつも丹念においしいコーヒーを淹れる静野さん。

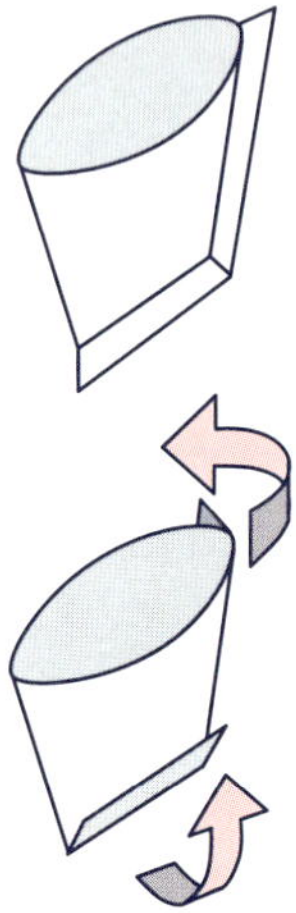

コーヒー粉の分量は、メジャースプーン（１杯約10g）で測り、慣れたら好みの味に調整。

②1回目の注湯

お湯を沸かし、適温（82～83度）まで冷まします。注ぐときは専用ポット（なければティーポット）で、お湯を細く均一に出します。このとき、お湯に空気が混ざらないようにします。空気が混ざると、十分蒸らすことができなくなります。目安は、注いでいる水流が乱れないことです。注ぎ方は、中心部から外へ向かって「の」の字を描くように。全体に染みわたってきたら（サーバーに数滴落ちる程度で）ストップします。

③2回目の注湯

1回目の注湯で、表面がハンバーグのように膨らんできます。このまま20～30秒蒸らしてから（お湯が落ちきる前に）2回目の注湯をします。ここでも「の」の字を描くようにします。このとき、ペーパーの縁には注がないようにしますが、縁が高くなりすぎないように注意してください。

お湯が全体に行きわたるように注ぐ。ろ紙の縁には湯を注がない。「の」の字は500円玉ぐらいの大きさを目安に。

④3回目の注湯～過熱

2回目の注湯後、お湯がすべて落ちきる前に3回目の注湯をします。4回目以降もこれをくり返します。予定量に達したら、お湯を絞りきらずにドリッパーを外します。過熱する際は、沸騰させないように注意します。

温める場合は、サーバーの外側の水気を拭き、すばやく加熱する。温めておいたカップに注ぐと冷めにくい。

紅茶の淹れ方

紅茶には「ゴールデンルール」と呼ばれる5つの基本原則があります。①「Use good quality tea」上質の茶葉を使うことです。新鮮で、葉の形がそろっているものを選びましょう。②「Warm the tea pot」ポット・カップは温めておきます。③「Measure your tea」正しい分量を計ることです。紅茶1杯分はティースプーン1杯（約3g）です。④「Use freshly boiling water」汲みたての水を沸騰させて使います。「ジャンピング」と呼ばれる対流を起こすよう、勢いよく注ぎましょう。⑤「Allow time to brew」ポットのなかで3分ほど蒸らします。その後、温めたカップに、「ベスト・ドロップ」と呼ばれる最後の一滴まで注ぎきりましょう。

売れるメニューにするために、工夫しながら価格を決めよう

メニューの価格設定は原材料費をいかに抑えられるかが問題になる。オープン当初は売り上げ目標に沿うしかないが、慣れるにしたがい仕込みの適正量がわかってくるはず。いかに質を維持しながらロスをなくすかが大切だ。

メニューの価格設定は原価率30～40％を目安に

「腕によりをかけた自慢料理を出すぞ！」と張り切る前に、ロスをなくし質を維持しながら、いかに原価率を抑えることができるかを考える必要があります。

一般に、メニューの原価率は30％～40％前後以内がいいと言われていますが、原材料費に加工費を加えると小さなお店の場合は60％を超えることもあり、利益が出ません。

そうならないためには、注文が集中する人気メニューをつくり、余分な材料をストックしない、手間をかけずにすばやく出すなどで原価率を下げるのがセオリーです。

人気メニューをつくるには、まず使用する素材を絞り込むこと。素材の種類が増えると、使い切ることが困難になり、廃棄物が多くなってしまいます。いくつかのメニューに使い回しできるよう無駄をなくせば、トータルで原価率が下がります。

お値打ち感がお客さまの満足につながる

もうひとつは、冷凍食品やあまり物など、仕入れ値の安いものを活用する方法です。たとえば「イチ押しメニュー」や「季節限定メニュー」としてお値打ち感を出し、積極的にアピールしていきましょう。

もっとも、原価率だけで価格を設定するのは考えものです。たとえば、似たような内容のランチセットが、周辺の相場が８００円なのに対し、自分のお店が１０００円だったら、やはり多くのお客さまは安いお店に行ってしまうでしょう。一番大切なのはお客さまの満足度なのです。

もちろん、味で勝負したい、という人もいると思いますが、周辺の相場は、そのエリアのニーズが反映されたものです。原価率だけでなく、どういうものが求められているのかも把握して、価格を設定していくことが重要なポイントになります。

■原価率

売上高に対する原価の割合のこと。たとえば、１０００円のカレーの原価が３００円だったとすると、原価率は30％となり、標準レベルのように思えるが、原価率とは売り上げに対する原価であり、仕入れたり、在庫として残っている分に対する費用は含まれていない。

つまり実質で30％だったとしても、過剰在庫などの売上原価に含まれないコストが加わることで、当然利益は減ってしまうこともあるのだ。

■メニュー決定のポイント

Menu

・コンセプトに合っているか
・ニーズに合っているか
・魅力的なメニューかどうか
・自分がおいしいと思えるか
・味や見た目が奇抜すぎないか
・お値打ち感はあるか
・お客さまを待たせないで出せるか

Menu

・仕込みや保存に手間がかかりすぎていないか
・仕入れの状況、価格はどうか
・素材を使いまわせるラインナップか
・原価率はどれくらいか

■価格決定のポイント

POINT

どちらか一方ではなく、うまく組み合わせて考えることが大切！

原価から検討する

・仕入れ値や廃棄する割合（皮や葉、茎など）
・仕込みの手間
・保存できる期間
・売り上げ予想などから、利益を計算できる価格を設定

メリット	デメリット
・希望どおりの原価率に設定できる ・周辺と比べて独自性が出せる ・メニューや価格の見直しがきく	・相場に合わないことも ・ニーズに合わせる工夫が必要

相場から検討する

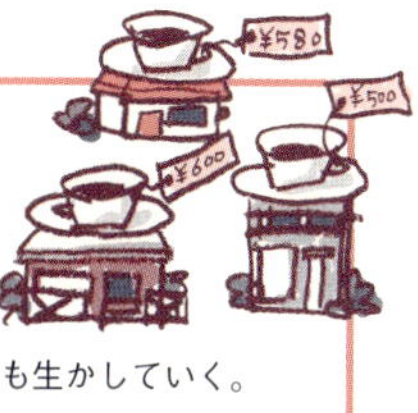

周辺の競合店に足を運び、質と価格の相場をチェックする。どの価格帯が中心で、どれだけ売れているかをふまえ、自分のお店でも生かしていく。

メリット	デメリット
・ある程度の売り上げが予想できる ・ニーズからかけ離れることが少ない	・他店との差別化が難しい ・むやみに値上げできない ・原価率が高くなることも

初期費用を安く抑えるアイデア集

最初に大きな金額を使ってしまうのはちょっと勇気がいる。
できれば初期費用を抑えたいが、
一体どうすればいいのだろうか。

自分たちの力と工夫で乗り切ろう！

初期費用を安く抑えられないか、だれでも一度は考えることだろう。では、どの部分を、どのようにすれば、うまくコストダウンできるのだろうか。

まず思いつくのが、工事を自分たちでやるということ。天井や床・壁などの造作は、素人でもできないことはない。

実際に自分たちの手で作ったのが「SPICE cafe」で、解体から床下補強、土壁塗り、タイル貼りなど、プロに指導してもらいながらではあるが、ほぼすべての作業を自分たちの手で行った。そのため、内装にかかったお金のほとんどが材料費であるという。

比較的手づくりしやすいのがインテリアだ。自分たちのセンスを発揮することができ、お店の雰囲気を盛り上げてくれる。

値段の高い厨房機器は、新品で買わず、中古やリースにするというのも手だ。とくにリースの場合、購入するよりも、数十万円単位で出費が抑えられる。

もちろん月々のリース費を考えると割高になってしまうが、初期投資を抑えるのに、もっとも効果的ではある。「タコキッチン」はこの方法で初期投資を抑えている。

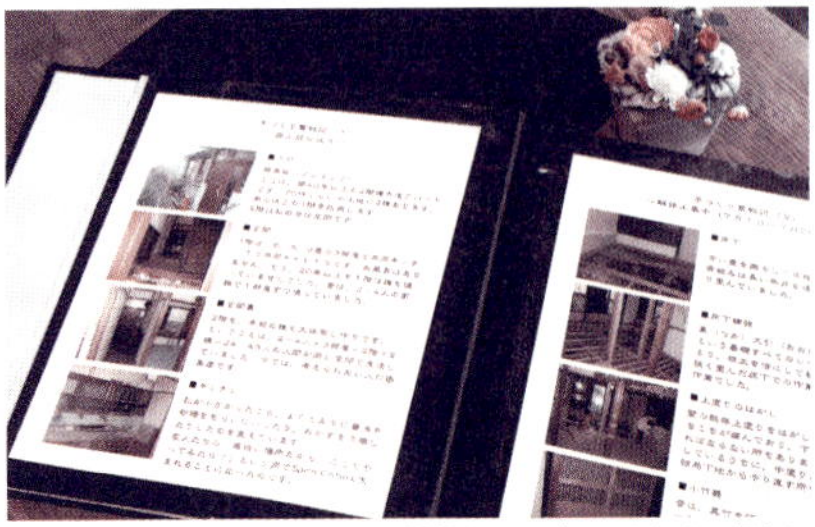

「SPICE cafe」では、手づくりの過程をアルバムにまとめて紹介している。

開業後にはさまざまな運転資金が必要になるので、人件費のカットも出費を抑えるポイントだ。スタッフを雇うとなると、求人広告費などで数万円くらいの金額が必要になる。それを家族や友人に頼むことで、出費をゼロ、もしくは食事代程度に抑えることができる。

また、これはオープン後にも課題となるものだが、食材を無駄にしないメニューづくりと仕入れも重要なポイント。「Vue Blanche」では、保存のきくものは大量に安く仕入れ、野菜などの生鮮品は、切れ端や残り物をスープの出汁に利用するなど、なるべく無駄を出さないよう工夫している。

コスト削減は、いつでも頭を悩ませるもの。少しでも安くあげるために、店づくりや運営をあらゆる角度から見つめ直し、削減できそうなものを探してみよう。

初期費用を抑えるためのポイント

- 内装を手づくりする。
- インテリアを手づくりする。
- 厨房設備を中古またはリースにする。
- スタッフを雇わず、家族や友人に手伝ってもらう。
- 無駄の出ない仕込み、保存の方法を考える。

第4章

マネープランの基本

お金の悩み、これで解決！

少ない資本で
開業しやすいといっても、
自己資本にゆとりがある人は、
そう多くありません。
お金儲けよりも、自分のやりたいようにやるさ！
といった声も聞こえてきそうですが、
カフェを長続きさせるだけでなく、
まわりで応援してくれる人のためにも
利益を出さなければいけません。
しっかりした収支計画が必要なことは
言うまでもありません。

開業に必要な費用はどれくらい？かかるお金の内訳を見てみよう

カフェをはじめたいけど、「お金の計算は苦手」という人は少なくないかも。しかし、それを夢で終わらせないためにはやはりまとまったお金が必要になる。開業資金の内訳について、これだけは知っておきたい。

細かいものまでしっかり見積もりを取ろう

カフェを開業するために必要なお金は、次のように大きく分けることができます。いずれの費用も相場を知るため、複数の業者から見積もりを取ること。ある程度なら値下げ交渉に応じてくれることもあります。

●賃貸物件の費用

物件を借りる場合、保証金や敷金、礼金、仲介手数料など、諸費用が必要。契約金は家賃の10～12カ月が目安です。敷金は本来、保証金と同じもの、礼金は発生しないところもありますから、それぞれ業者ごとに確認してください。当然、家賃は契約した月から発生します。内装工事などが遅れる可能性も考えて、家賃の予算は余裕をもって用意しておきましょう。

●工事に関する費用

内外装工事、水道・ガス・電気などの設備工事、空調工事、厨房工事などが含まれます。一般に、内装工事と、電気などの設備工事は同じ業者が行います。居抜き物件の場合は内装工事を除き、この費用があまりかからないぶん節約できます。

●消耗品・制作物に関する費用

厨房器具や食器、インテリア、細かいものではトイレ用品などにかかる費用です。広告やチラシ、メニューブックの制作費も含まれます。

その他の費用を入れて1000万円がひとつの目安

その他の費用として、オープンに備えての仕入れ費が必要です。オープン前から働いているスタッフがいれば給料も必要に。また、開業後は軌道に乗るまでの運転資金もここに含まれます。その他、思わぬ出費は意外とありますから、予備費として残すお金も必要です。

国民生活金融公庫の調べでは、開業資金としてもっとも多かったのが500～1000万円で、自己資金率は30％（04年）。つまり自己資金は150～300万円を用意する人が多いということです。

自己資金はいくらあればいいのかな？

■運転資金

お店が軌道に乗るまで、来客がなくても支払う必要のあるお金のこと。たとえば家賃、支払利息、人件費などは、利益が出なくても支払わなければならない。自分や家族が生活するためのお金も必要だ。つまりお店を維持するために貯えておく資金を、運転資金という。貯えの目安としては、家賃の3～6カ月分と言われるが、もちろん少しでも多いに越したことはない。とくに税金や保険料、消耗品などは見落としがち。忘れないように、もしくは金額を多めに見積もることが大事だ。

■必要なお金を計算してみよう

	内訳	金額	備考
店舗取得費	保証金	円	家賃の何カ月分か
	手数料	円	家賃の何カ月分か
	造作譲渡料	円	居抜き物件の場合のみ
	(敷金)	円	業者に有無を確認。あるなら家賃の何カ月分か
	(礼金)	円	業者に有無を確認。あるなら家賃の何カ月分か
内装・設備工事費	内外装	円	坪あたりいくらか
	設備工事	円	電気・ガス・水道・空調の各工事。坪あたりいくらか
	厨房器機	円	冷蔵庫、シンク、コンロ、コーヒーメーカーなど
備品・消耗品費	食器・調理道具	円	
	家具・什器	円	レジ、イス・テーブルなど
	インテリア	円	観葉植物、照明器具など
	消耗品	円	伝票、割り箸、紙ナプキン、トイレ用品など
	制作物	円	チラシ、広告、ショップカード、メニューブックなど
その他諸費用	仕入れ	円	練習用、オープン当日用
	運転資金	円	多ければ多いほどいい
	予備費	円	
	合計	円	

意外と気づかない 思わぬ出費に注意

開業前後の期間は、先々のお金のことまで気がまわらず、あわてることも多い。

たとえば、内装が思ったように仕上がらなかった場合、修正しようとすれば追加工事費として、当然料金がかかる。オープン後も食器類の破損などがあれば、必要なぶんはすぐに買い替えなければならないし、慣れないだけにオーダーミスや食材のロスも思わぬ出費につながりがち。

こうした出費は十分な運転資金があるかによって左右される。思わぬ出費を計算に入れておかないと、実質の開業資金はダウンしてしまう。売り上げだけに目を奪われず、ゆとりを持った資金計画が必要だ。

お金を借りるなら、まず国民生活金融公庫へ

すべて自己資金でまかなえればいいが、ちょっと足りない。ところが、民間の金融機関からの借り入れは難しい。そこで利用したいのが国民生活金融公庫。ここは開業を目指す人にとって、頼もしい金融機関なのだ。

担保や保証人がなくても融資が受けられる

国民生活金融公庫では、カフェを新規開業する人などのために「生活衛生貸付」という制度を用意しています。これは、飲食店や理容業、旅館業などの「生活衛生」関係の仕事を営む人を対象にした融資制度です。通常の場合は、「生活衛生貸付」のなかの「一般貸付」が対象となります。限度額は7200万円で、利率は1・55%（※）です。

このうち、保証人や担保がない場合に受けられるのが、「新創業融資制度」です。これは、新規に開業する人が、開業資金の半分以上の自己資金を証明できることが条件となっています。限度額は750万円、返済期間は、運転資金を借り入れた場合で5年、設備資金を借り入れた場合で7年です。利率は2・65%（※）となっています。

この制度は返済実績がしっかりしていれば、将来の店舗拡大をする際にも借りやすく、利率も低いのでおすすめです。身内からムリをして借りるよりもスムーズに運ぶでしょう。

女性や若者、シニアを支援する融資制度

女性や30歳未満、55歳以上の人には「女性、若者/シニア起業家資金」という制度もあります。限度額は7200万円（運転資金は4800万円）で、返済期間は15年（運転資金5年）以内。利率は条件によって違いますが、1・65%（※）となっています。これらの融資は、申し込んだ金額が必ず受けられるというものではありませんので、綿密な資金計画をたてること。

お店の規模や自己資金、担保などから、個人事業主にとっては何千万円も借り入れることは難しいのが現実です。詳しくは国民生活金融公庫の各支店にお問い合わせください。

（※05年6月現在）

たっ足りない！どうしよう？

■担保、保証人
「担保」とは融資の返済が不可能になったときに、お金の代わりとして債務の弁済にあてるもの。「保証人」とは、債務者の代わりに返済義務を負う人のこと。たとえばよく聞く「抵当権」とは、不動産を担保の目的とする場合、その担保の権利のことをいう。国民生活金融公庫では、原則として担保と保証人が必要。保証人は身内以外の第三者が基本だが、それが困難な場合の特別な融資制度もある（第三者保証人等を不要とする融資）。

■新規開業者が受けられる国民生活金融公庫の融資制度

	一般貸付	新創業融資制度	女性、若者/シニア起業家資金
利用条件	生活衛生関係の事業を営む人で、設備資金として使用する人	新規開業者であり、開業資金の2分の1以上の自己資金を確認できる人	女性または30歳未満か55歳以上の人など
融資額	7,200万円以内	750万円以内	7,200万円以内 (うち運転資金4,800万円以内)
返済期間 (うち据置期間)	13年以内 (1年以内)	設備資金7年以内 (6カ月以内) 運転資金5年以内 (6カ月以内)	設備資金15年以内 (2年以内) 運転資金5年以内 (1年以内)
利率 (05年6月現在)	1.55%(13年以内)	2.65%(10年以内)	設備資金 1.65%(15年以内) 運転資金及び土地取得費 1.45%(5年以内)
担保・保証人	要	不要	要

■融資の利用の案内

① 窓口で相談
返済期間や利率などの相談。支店は全国152店舗。

→

② 書類の準備・申し込み
推薦書交付願、借入申込書など、必要書類を準備して、窓口へ提出。

→

③ 面談
事業計画などを中心に面談。店舗を訪ねることも。

→

④ 窓口で相談
決定すると必要書類が届く。手続き完了後、口座に入金される。

→

⑤ 返済
月賦払いが原則。元金均等返済、元利均等返済などの返済方法がある。

← 申し込みから決定まで平均1カ月 →

親からの借り入れにも借用書を残そう

自己資金とは、現金化できる資産のことで、現金や有価証券などのことを指す。土地や建物は売却しないと客観的な金額の判断がつかないため、自己資金ではなく担保として扱われる。

親や親戚から集めたお金は、もらった場合は自己資金になるが、基本的には調達資金として扱われる。ただし親だからといって、返済をそのままにしておくと、贈与とみなされ贈与税がかかる場合がある。借用書や振込証明書などの書類はきちんと保管しておくこと。

cafe style

実践的アドバイス part5

融資に成功する開業計画書の書き方

融資を受ける際、その判断材料となるのが開業計画書。
希望どおりの融資を受けるためにも、
きっちりとした計画書をつくりたい。
以下の記入例を参考にして、自分なりの計画書を考えてみよう。

■開業計画書の記入例

① ［記入例］

開 業 計 画 書

お名前 ○○ ○○

・お手数ですが、可能な範囲でご記入いただき、借入申込書に添えてご提出ください。
・お客様ご自身が開業計画書を作成されている場合は、この書類に代えてご提出ください。

1 事業内容など

業 種	喫茶店営業	開業予定時期	平成 ○年 ○月

開業されるのは、どのような目的、動機からですか。	・お店を持つのが夢だった。 ・自家焙煎コーヒーの味を多くの人に知ってもらいたい。 ・駅の近くに良い物件が見つかったため。
この事業の経験はありますか。 ［お勤め先、経験年数、お持ちの資格など］	・カフェスクール○○卒業 ・自家焙煎カフェ○○に5年勤務 ・平成○年○月退職予定（現在の月給30万円）
お取扱いの商品・サービスを具体的にお書きください。	・コーヒーは豆、焙煎具合により12種類を用意（価格450～600円） ・食事は軽食を中心に10種類程を用意（価格500円～1000円）
セールスポイントは何ですか。	・欠点豆を徹底的に選別 ・旬の素材を使った季節のメニューを提供する ・大きめのイスを用意し、くつろぎやすくした。

2 ご予定の販売先・仕入先

販売先	一般個人（○○駅利用者中	仕入先	（株）○○商店（○○市） （株）○○珈琲（○○市）

1.開業の動機、セールスポイント

開業の動機ははっきりと、具体的な理由を記入すること。熱意を伝えるためにも、教科書通りの書き方ではなく、自分の言葉で書くことが大事です。カフェや飲食店経営の経験がない場合は、相手を納得させるよう、知識や技術の習得までの経緯をはっきり書きます。セールスポイントは、自分の性格や実績のほか、お店のコンセプトや独自性などをアピールしましょう。

2.販売先、仕入先

「販売先」は「一般個人」とし、ターゲットを記入します（例「○○駅利用者中心」「地域の若い主婦層」など）。「仕入れ先」は、決まっていれば会社名と所在地を、まだ決まっていない場合は、会社名の後に「予定」と入れておけばいいでしょう。

開業後の売り上げを計算で求めよう！

開業計画書には開業後の売上高を記入するが、それは「これだけ売れるだろう」という予測であってはいけない。カフェを経営するだけの実力を持つということをアピールしたのだから、やはり達成を目指すべきだ。売り上げは次の計算式で予想しよう。

「客単価×来客数（座席数×回転数×客席稼働率）」

客単価と回転数は、立地や環境、経費などの面から適切と思われる数字を算出。客席稼働率は0・8～0・9で計算する。

客単価、回転数とは？

客単価とは、1人のお客さまが1回の来店で使ってくれる金額のこと。回転数とは、1つの席に何人のお客さまが座ったかということで、「来客数÷座席数」で求められる。ただし、客単価と回転数を両立させるのは困難。

単純にいって利益を上げるには、客数を上げるか、または客単価を上げるしか方法は

②　〔平成○年○　月○　日作成〕

3　必要 な資金と調達の方法

	必要な資金	金額	調達の方法	金額
設備資金	店舗、工場、機械、備品、車両など (内訳) ・内装工事費 （○○社見積のとおり） ・保証金 ・備品類 （○○社見積のとおり） ・商品棚 （○○社見積のとおり）	1,200 万円 700 200 200 100	自己資金	600 万円
			親、兄弟、知人、友人等からの借入 (内訳・返済方法) ・父より借入 2 万円×100 回（無利息）	200 万円 200
			国民生活金融公庫からの借入 元金 6 万円×100 回（年○.○%）	600 万円
運転資金	商品仕入、経費支払資金など (内訳) ・仕入など	400 万円 400	他の金融機関等からの借入 (内訳・返済方法) ・○○銀行より借入 元金 4 万円×50 回（年○.○%）	200 万円 200
合計		1,600 万円	合計	1,600 万円

4　開業 後の見通し（月平均）

		開業当初	軌道に乗った後（○年○月頃）	売上高、売上原価（仕入高）、経費を計算された根拠をご記入ください。
売上高①		104 万円	124.8 万円	①客単価800円、客数1日50人、月26日営業 800円×50人×26日=104万円 ②原価率30% 104万円×0.3=31.2万円 ③人件費1時間800円、5時間／1日 800円×5時間×26=10.4万円
売上原価②（仕入高）		31.2 万円	37.44 万円	
経費	人件費(注)	10.4 万円	13.4 万円	家賃15万円 支払利息2万円 その他リース料、光熱費など11万円
	家賃	15 万円	15 万円	
	支払利息	2 万円	2 万円	
	その他	11 万円	16 万円	<軌道に乗った後> ①開業時の1.2倍は可能(勤務時の経験から) ②当初の原価率を採用 ③売上の増加に伴い人件費3万円、その他諸経費5万円増加
	合計③	38.4 万円	46.4 万円	
利益①−②−③		34.4 万円	40.96 万円	(注) 個人営業の場合、事業主の分は含めません。

ほかに参考となる資料がございましたら、計画書に添えてご提出ください。(国民生活金融公庫)

3.必要な資金（設備費など）

「必要な資金」は、設備ひとつひとつの商品名、品番などを明記するなど、より具体的に。カタログを資料として添付するよう求められることもあります。設備資金に関しては、総額がいくらになるか見積書をつけること。「必要な資金」と「調達の方法」の合計は同額になるようにします。

4.資金調達の方法

自己資金の欄には、開業にあてることのできる金額を記入します。なお、制度によっては自己資金の割合が決められています。たとえば、国民生活金融公庫の無担保・無保証人の「新創業融資制度」の場合は開業資金の半分が必要になります。

ほかの金融機関から融資を受けているときは、その内訳と返済方法を含めて具体的に。また、家族や知人から借り入れている場合も記入します。合計金額は「必要な資金」と同じにします。

5.売上高、売上原価、経費の根拠

開業当初と、経営が軌道に乗った後の見通しを分けて記入します。原価率は30%を基準として計算しましょう。原価率については140～141ページを参照してください。

経費は、人件費、支払利息、家賃の合計を記入します。

■融資成功のポイント

- 「どうしてもやりたい」という熱意を表す
- 開業の意思が一貫してゆるがないこと
- 内容はできるだけ具体的に
- 開業の理由にムリがなく、妥当な金額であること
- 1人よがりではなく、相手が納得するように

ない。前者なら集客の工夫など、後者ならメニューの改定、サービス改善などが対応策として考えられる。

客席稼動率とは？

総客数を総客席数で割った数字。満席率ともいう。4人がけの席に4人のお客さまが座れば稼働率は100%、2人だと50%になり売り上げは下がる。小規模店で1～2人席の多い場合は0・8～0・9が妥当な数字といえる。

収支計画を立てよう

確実性の高い経営計画を立て、利益を上げる努力をしよう

家賃、利息、人件費など、売り上げがなくても、支払わなければならないお金はたくさんある。お店を長く続けるためにも、どれだけの売り上げが必要なのか、きちんと計画をたてることが大切だ。

利益を出すための売り上げはどれだけ必要？

前に述べたように、開業計画書を作成するにあたっては売り上げ予測をします。人件費や家賃など、毎月支払わねばならない出費がある以上、一定の売り上げがなければ経営し続けることはできないからです。

どれだけ売り上げれば利益が出るのか。まずは出費項目となる「固定費」と「変動費」について説明しましょう。

固定費とは、毎月の売り上げに関わらず発生する費用のことで、家賃や人件費、支払利息などが含まれます。これに対し、変動費は売り上げに比例して発生する費用のことで、仕入れ費や材料費、光熱費などが含まれます。

経営の指標になる損益分岐点を求めよう

次に目標利益を知るために、損益分岐点を求めます。

損益分岐点とは、そのお店の売上高と原価が同額になり、利益も損失もないぎりぎりのポイント。つまり、これを知ることで、どれだけ売り上げがあれば利益を上げられるかわかるのです。計算式は、

「固定費÷（1－変動費率）」

で求めます。変動費率とは利益に対する変動費の割合（変動費÷売上高）。「1－変動費率」は「限界利益率」ともいい、売り上げから変動費を引いたものの割合。

たとえば1カ月の固定費60万円、変動費率40％のお店の場合、

・60万円÷（1－0・4）＝100万円

これがこのお店の毎月トントンになる売り上げです。1日に直すと、

・100万円÷25日＝4万円

1日に4万円を売り上げれば損失は出ないということになり、それが一応の目安になります。

自分のお店にどれだけの売り上げが必要なのか計算してみましょう。

■損益計算書をつけよう

カフェに限らず飲食業の経営は、多くの場合、仕入れは売掛けが一般的で、仕入代金は翌月払いというケースが多い。このような慣例もあって、どうしても「ドンブリ勘定」になりがちなのだ。

しかし、変動費を正確につかむためにも、日ごろからお店の経営状況がわかる損益計算書を正確につけておいたほうがいい。開業時からつけておくと、きちんとした計算もしやすいだろう。

■損益分岐点の算出方法

具体的な数字を例に、1カ月の損益分岐点を求めていきましょう。

まず、固定費と変動費率を求めます。

固定費

家賃	30万円
人件費	15万円
その他	15万円
合計	60万円

変動費

		a売上比（※）	b原価率	比率（a×b）
材料費	ドリンク	60%	30%	0.18
	フード	40%	30%	0.12
諸経費	売り上げに対して10%			0.1
合計				0.4

※売上比…総売上に対してそれぞれが占める割合

次に、それぞれを公式に当てはめて計算します。
固定費÷（1－変動費率）
　＝60万円÷（1－0.4）
　＝100万円
このお店では1カ月に100万円の売り上げでトントンということになります。

1日の売り上げに直すと、
30日営業した場合→**100万円÷30日＝約3.3万円**
25日営業した場合→**100万円÷25日＝4万円**
これだけの売り上げが必要ということになります。

利益を出すために考えておこう！

利益を出すには損益分岐点を下げるのが手っ取り早い方法。たとえば、人件費の削減や、原価率を下げたり、値段を上げるなど、何を修正するかは、自分のお店の経営状況によって判断しよう。損益分岐点を下げると、売上が伸びたときの利益高が高く、低くなっても赤字が少なくなるという利点もある。

しかし、たとえばスタッフ数をぎりぎりにまで減らすとすると、人件費は削減され利益が上がったように見えるかもしれないが、サービスの質が下がったり、料理がなかなか出てこなかったり、お客さまの満足度は低下してしまう。目先の数字にばかりとらわれないことも大事だ。

■損益分岐点のイメージ

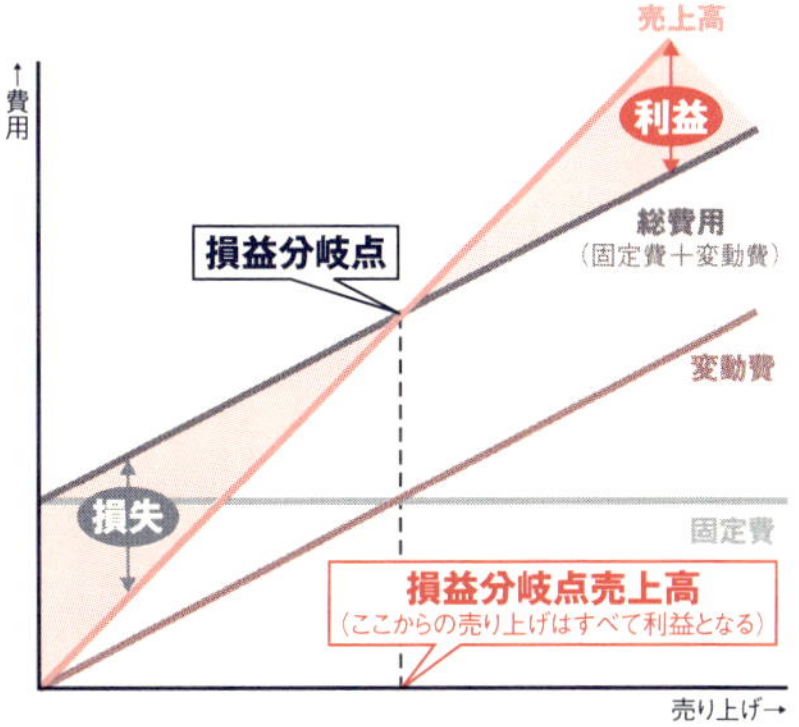

損益分岐点とは、売上高と原価が同額になり、利益も損失もないポイントを指す。損益分岐点からの売り上げが高くなるほど、利益も高くなっていく。

まだまだある主な融資先

すべて自己資金でまかなえればいいが、そうもいかない。
融資を申し込んでも、受けられなかった――というケースは珍しくない。
しかし、あきらめるのはまだ早い。
銀行や国民生活金融公庫以外にも、融資をしてくれるところはたくさんあるのだ。

自分のお店に合った融資先を選ぼう

136ページで紹介した「国民生活金融公庫」以外にも、融資をしてくれるところはたくさんある。

まず公的機関で国金以外には、「中小企業金融公庫」「商工組合中央金庫」「地方自治体」などで融資を受けることができる。

中小企業金融公庫の「新事業育成資金」、商工組合中央金庫の「新企業育成資金」は、ともに限度額が6億円。ただ、どちらも「事業内容の新規性と成長性」が条件となっており、ありきたりのお店では認められない可能性が高い。

各地方自治体でも、創業や企業、ベンチャーなどへの融資を行っている。事業内容によっては、返済義務のない支援という形で受けられる可能性もある。詳しくは各自治体にお問い合わせを。

民間での借り入れといって思いつくのは銀行だろう。ただ、個人の場合、銀行からの融資は厳しいと言わざるをえない。地元密着の信用金庫の場合は、起業やベンチャー支援に積極的なところも少なくない。ただし金融機関から借り入れる場合は、「信用保証協会」の保証が必要。これは、融資を受けるのが難しい中小企業などに対して、資金調達の円滑化を図ることを目的としたもの。逆にいえば、融資を断られても、保証協会から保証を受けることができれば、まだ可能性はあるということだ。

民間団体で起業家支援に積極的なのが「市民バンク」だ。地域の信用組合と提携して、「社会性のある事業」を対象に融資を行っている。経験や実績は必要なく、設備資金で700万円、運転資金で500万円（ただし合計で1,000万円以内）を限度として、貸し出している。

融資以外の方法として、出資者を募るという手もある。ただし、出資者とは、言い換えればお店のオーナーということでもある。配当金や、経営に口出ししてくることも考えなくてはならない。

調達資金は返済義務があるもの。金額だけでなく利息や返済期間なども考慮して、自分に合った融資先を選択しよう。

■問い合わせ先
- 中小企業金融公庫
  http://www.jasme.go.jp/
- 商工組合中央金庫
  http://www.shokochukin.go.jp/
- 市民バンク
  http://www.p-alt.co.jp/bank/
- プレスオルターナティブ（市民バンクの母体組織）
  http://www.p-alt.co.jp/

第5章

開店前後の段取り

さあ、オープン間近！
これだけはやっておこう

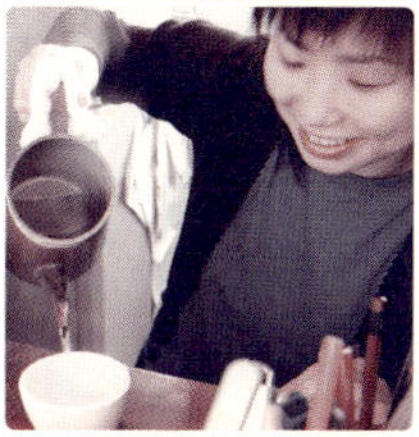

ここまで、あなたは
カフェのオーナーとして
できる限りのことをしてきました。
そしてオープン直前、今度はどうやって魅力をアピールするか、
１人でも多くの人にオープンを知ってもらうかについて
考えなければいけません。
開店後、大忙しでテンテコマイになるか、
知り合いしか来なくてサビシイ思いをするかは、
開店直前の準備にかかっています。
そう、記念すべき開店の日を迎えた後にも、
はじめてチャレンジすべきことが
残されているのです……。

お店の名前を考えてロゴデザインをつくろう

お店の「顔」ともいえる店名とロゴ。たくさんの人の目にとまるようなものにするには自分の好みだけでなく、そこにコンセプトが表現されていることが大事だ。

特徴やコンセプトなど何を表現するかが大事

店名をつける際には、基本的なポイントをいくつか押さえることが大切になります。

まず、お店の特徴やコンセプトを表現すること。店名だけでどんなお店かがわかるので、お客さまも安心して来ることができます。コンセプトを名前に直接表現したり、イメージで表現したりする場合があります。

次に、インパクトやオリジナリティを重視した名前。印象が強いほど、お店に対する好奇心をあおることができます。お店の個性を生かす意味では効果的なネーミングでしょう。

そして、親しみやすさや言いやすさを重視した名前。店名を覚えてもらうことも、お客さまに来てもらうための第一歩なのです。

手づくりで自分の思いを直接表現する

外看板などに使うロゴデザインも大切です。ランチタイムやサービスメニューを告知するだけでなく、外看板のでき次第で、多くのお客さまに足をとめてもらうことができるのです。

ロゴをつくる際も、店名と同じくコンセプトや特徴、親しみやすさなどを表現しましょう。デザイナーに依頼するときは、自分の考えやお店の特徴を細かく伝えて、何度も打ち合わせをすること。

腕に自信のある人は、自作してもいいでしょう。自分の思いを率直に表せ、温もりも伝わります。当然、デザイナーに頼むコストもかかりませんが、気をつけたいのは、安っぽくなってしまうこと。自作したいけど自信がないという人は、まわりの人にアドバイスをもらったり、絵の上手な知り合いに手伝ってもらったりするのがいいでしょう。

次ページにいくつか代表的なものを取り上げました。これらを参考にしながら、自分のお店に合った名前とロゴを考えてみましょう。

■ネーミングの流れ

一般に、ネーミングはどんな手順を踏むのか簡単に見てみよう。

まず最初に、自分の考えるカフェに近いコンセプトのカフェの店名収集とその傾向分析を行う。そこで集めた店名には、何か核になるキーワードはないか、またそれを違う言葉に置き換えられないか考える。

このとき外国語にするなら、できるだけ日常的に使う言葉にし、イメージをふくらませていくこと。いろんな分野でイメージに近い言葉を探してみよう。普通はありえないような2つの言葉を組み合わせたり、オリジナルな造語でもかまわない。自由な発想でじっくり考えよう。

■印象に残るネーミングのお店

三月の羊
三月の羊
「羊」と「○月の○○」というフレーズが好きだったことと、オーナーの生まれ月を合わせて

HATTIFNATT
HATTIFNATT
「ムーミン」に登場する不思議な生き物の名前。子どものころに戻ってほしいとの願いから

unna
good foods good items and good feelings
unna
語呂のよさと、柔らかくて覚えやすい響きということで、オーナーがつくり出した造語

■お店の個性をアピールするロゴ

Vue Blanche
LaVueBlanche
パレットをモチーフに「ギャラリー」をアピール。色はフランス・地中海を思わせるブルー

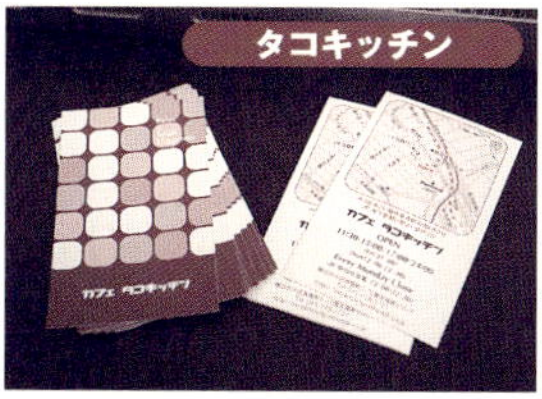
タコキッチン
スタイリッシュでモダンな雰囲気を、書体やデザインで表現。落ち着いたトーンの色で、くつろぎ感も演出

SPICE cafe
創造空間
spice cafe
毛筆のような書体にすることで「和」をアピールするとともに、懐かしさや安心感も与えてくれる

■アイキャッチにもなるキャラクター

★mashman's★cafe★
マッシュマン（＝店長のニックネーム）をキャラクター化し、オリジナリティを存分にアピール

appel
2人のオーナーが経営とは別に、デザインワークなどをする「Bit Rabbit」のトレードマーク

Caffè Delfino
主力商品であるコーヒーと、店名のDelfino（伊語でイルカ）を組み合わせたもの

格好よさだけでなく何を表現したいかが重要

店名とロゴは、格好いいからとか、思いつきで決めてしまうと、来てもらいたい人に来てもらえず、売りたいものも売れなくなってしまう。

一番大切なのは、何を表現するかということ。左は、お店のコンセプト、親しみやすさなどをうまく表現している例だ。

コンセプトを表した店名

「café Slow」→スローライフを実践・体験するお店

「ambulante café」→「移動カフェ」をイタリア語の「放浪者」という意味の言葉で表現

お店の特徴・ウリを表した店名

「三月の羊」→羊のアイテムが特徴のお店

「★mashman's★cafe★」→「マッシュ」とは、オーナーの昔のニックネーム

覚えやすさ、親しみやすさを表現した名前

「タコキッチン」→なじみのある言葉同士の組み合わせ

「unna」→響きを重視してつくった言葉

オープン準備 02

オリジナルな看板と、おいしい演出のメニューブック

お店の主役であるメニューをアピールする看板とメニューブック。仕上がりしだいでは、自慢の料理も食べてもらえなくなってしまいます。たくさんの人に来てもらえるよう、魅力的な看板・メニューをつくっていきましょう。

デザインの基本は何をアピールしたいか

看板はお客さまを呼ぶ重要なアイテムのひとつ。遠くからでも目立ち、思わず入りたくなるようなデザインにしたいものです。

たとえば、メニューを載せたものがよく見られますが、「オーガニック」「無添加」など、素材をアピールする方法もあります。文字だけでなく写真やイラストで、視覚的にアピールするのも効果的です。

また、ロゴやキャラクターだけの、一見何の店かわからない看板もあります。看板から受けるイメージはそのままお店のイメージとなってしまいますので、とくにこうした看板にする場合は見た目だけでなく、通行人にどんな印象を与えるのかに気をつけたいものです。

分類と順番で注文したい気持ちにさせる

メニューブックのデザインも、商品の売れ行きに影響します。とくに大切なのは見やすさです。文字の大きさや書体はもちろんですが、分類や記載の順番も考慮します。

分類の仕方は、「肉・魚」「前菜・おつまみ」など、素材や種類でまとめるのがもっとも一般的です。ほかには「お腹にたまるもの」「軽く食べたいとき」など、ボリュームやスタイルで分ける方法もあります。また、料理の写真や説明などを入れても、お客さまを注文したい気持ちにさせることができるでしょう。

記載の順番に関しては、1枚のメニューなら左上、メニューブックなら見開き最初のページは一番目立つところです。ここにはおすすめメニューや特徴的な商品など、もっともアピールしたいメニューを持ってくるのがいいでしょう。

もちろん、メニューの種類などから、いろいろなバリエーションが考えられます。自分のお店に合わせ、柔軟な発想でつくりましょう。

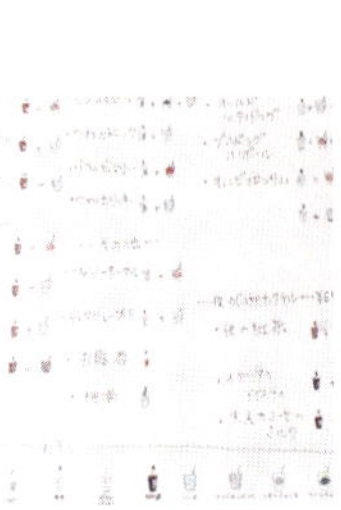

■メニューブックの工夫
手書きのメニューは多いが、「HATTIFNATT」のカクテルメニューは見るだけで楽しくなってくる。カクテルに使うアルコール、ジュースなどを手描きのアイコンで表示。わかりにくいカクテルの配合も、ちょっとしたアイデアで楽しくなる。ベースになる酒からチョイスできるだけでなく、たとえばオレンジジュースを使ったカクテルには何があるかもひと目でわかるような仕組みにもなっている。

■街で個性を発揮するオリジナル看板たち

左／メニュー写真を使った「unna」の看板。鮮やかな彩りのおかげで、かわいらしい仕上がりになっている。中左／ちょっと見ると、何の店だかわからない「HATTIFNATT」では、店頭にメニュー看板を置くことでカフェらしさをカバーしている。中右／スタイリッシュな雰囲気をイメージしてつくられた「タコキッチン」の看板。看板から店内の様子が伝わってくる。右／「★mashman's★cafe★」の看板は、店内と同じく赤色を基調に、ランチタイムやカフェタイムの時間を告知している。「ヘンテコさ」も言葉でアピール。

■思わずオーダーしたくなるメニューの見せ方

オーナーの妻・浩子さんの手によるスケッチブック風のメニュー。写真の質は高くはないものの、お店の雰囲気に合っていて好感が持てる。ページをめくるのが楽しくなるつくりだ。

木の切れ端を貼り付けたメニュー板。店内の雰囲気に合わせると同時に、「身体や環境にやさしい」メニューであることもアピールしている。

入り口の防火扉を利用した大きな看板はインパクト抜群。大きさを利用して、営業時間や基本メニューなどを記入している。店内や階段には、時間ごとのメニューを提示。お客さまが迷わないようにしている。

手づくりメニューの効果と魅力とは？

手づくりメニューには、経済的な効果と心理的な効果がある。

当たり前だが、印刷代やデザイン代を浮かすことができるのが経済的な効果。そのうえ日替わりメニューなど、入れ替えの激しいメニューに簡単に対応することができるメリットもある。

また、黒板とチョークなどには、だれでも温もりや懐かしさを覚えるもの。これが心理的な効果だ。いつでも簡単に書き換えられ、情報の鮮度の良さも、お客さまを惹きつける要因になっている。

とくに手描き文字には、その人の思いや性格が表れるもの。お客さまに自分の思いを伝える道具としても効果が期待できるだろう。

オープン準備
03

人を惹きつけるホームページと、持ち帰りたくなるショップカード

お店を多くの人に知ってもらうには、やっぱり宣伝が必要だ。いまや当たり前になってきたホームページや、定番のショップカードは、人目につきやすい販促ツール。どんな点に注意してつくればいいのかを紹介しよう。

日記や掲示板などで、自分の思いもアピール

どこからでもアクセスできるホームページは、多くの人に自分のお店をアピールできる絶好の場。パーティの予約を受けたり、通信販売の拠点としても利用できる、売り上げアップのための販促ツールでもあります。

デザインは、コンセプトに合わせて、見やすさを重視。文字だけではなく店内やメニューの写真を載せて、実際の雰囲気がわかるようにしましょう。コンテンツは営業時間・連絡先・住所・地図・メニューなどの基本情報に加え、コンセプトや日記・掲示板・レシピなど、独自の情報を盛り込み、クリックするのが楽しくなるような見せ方をアレンジしたいものです。

経験がなく面倒だという人でも、ごく簡単につくることのできる日記形式の「ブログ」を利用する手もあります。お客さまのコメントスペースも用意されており、ダイレクトに反応がわかる利点もあります。

いずれの場合も、ほとんどが無料でつくれます。上手に利用して、大きな効果を狙いましょう。

限られたスペースでいかに表現するかが大事

ショップカードも、お店をアピールするのに重要なアイテムです。名刺ほどの小さなスペースですが、個性を表現するには十分です。限られたスペースだからこそ、デザインのセンスが問われるともいえます。

記載する情報はホームページなどと変わりません。基本スペックだけでなく、個性を出すために写真やキャラクター、イラストを入れるなど、ちょっとした味付けも必要です。

ただし、あれこれと欲張りすぎないこと。本当に表現したいものだけにしぼり、お客さまが思わず記念に持って帰りたくなるようなカードをつくりましょう。

■ショップカード
ショップカードは通常、お店の名刺のようなもの。ところが「Vue Blanche」では、そのショップカードとは別に、各スタッフが自分の似顔絵入りのカード（左の写真）も持っている。似顔絵は「画家を目指していた」というオーナーの手によるものだけに、スタッフの人柄まで表現。お客さまにとって、一度訪れたときの印象をとどめるのに役立っている。

見やすくてデザイン性の高いホームページ

■雰囲気を表現しているHP

三月の羊

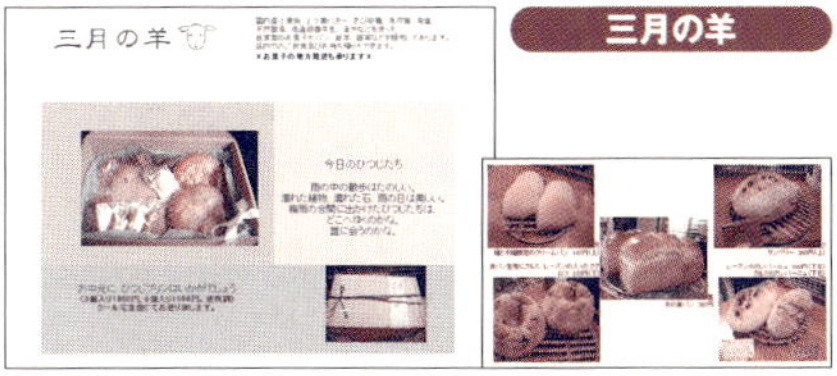

背景は落ち着いたカラーで統一。ゆとりのあるデザインに写真は大きめ、文章をすっきりと配し、読みやすさを重視。商品や店内の様子は、わかりやすく画像で紹介している。

■コンセプトを訴えているHP

café Slow

コンセプトや開業の経緯、素材の解説など、お店のこだわりをこと細かに表現している。イベント告知なども頻繁に更新。お店とともにコンセプト実践の場になっている。

■シンプルで見やすいHP

SPICE cafe

左上の写真スペース、サイトメニュー、ロゴは全ページ固定。内容は基本情報と日記、リンク程度に抑え、全体的にシンプルで見やすい構成に仕上げている。

■デザインでアピールするHP

appel

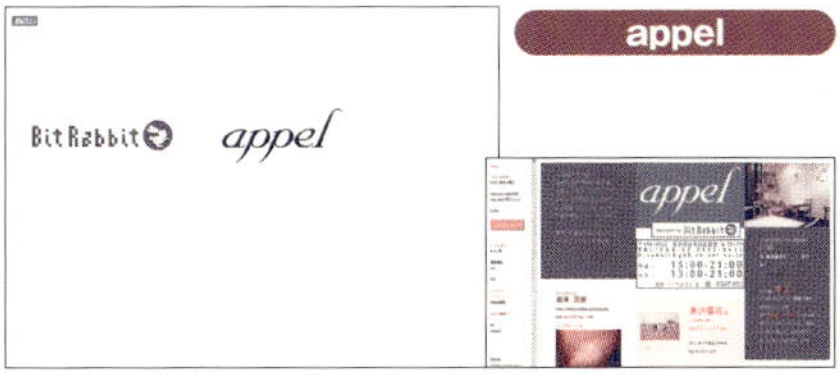

トップページはキャラクターのみ、メニューページはアーティスティックなデザインで、インパクトを与える。基本メニューは左側に固定し、使いやすく仕上げた。

個性を表現したショップカード

プロに依頼したショップカードは２種類。看板にも使われているスタイリッシュな縦型のデザインと、店内をイラスト化した横型のデザイン。どちらも裏側には地図・営業時間・定休日・住所・電話番号・HPアドレスが掲載されている。

タコキッチン

Vue Blanche

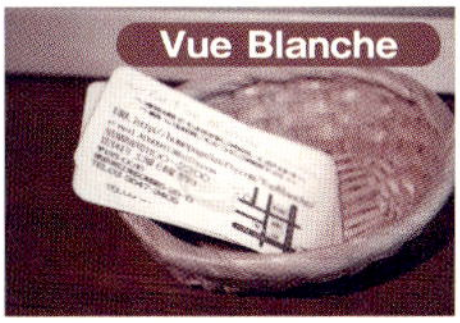

角が丸く、清潔なイメージのショップカード。編んだカゴに入れ、手に取りやすくしている。

だれでも簡単にできるホームページのつくり方

専用の作成ソフトを使えば、本格的な知識がなくても、マウスの操作だけで簡単につくることができる。デザインや書体など、自分の思い通りにしたいなら、この方法がおすすめ。文字や写真の置き方ひとつで、格好よくも悪くなったりもするが、多くの人の目につくものなので慎重に進めていこう。

また、ソフトを使わなくても、大手のポータルサイトなら、サーバーと作成支援ツールが用意されている。流行りのブログならさらに簡単。書き込んでクリックするだけだ。ただ、どちらもフォーマット通りのデザインになってしまうのが難点。この場合、まさに内容勝負となる。

お客さまの満足を高めるためのお店・接客のルールをつくろう

スタッフを雇ったり、安定したサービスを提供するためには、ある程度の決まりごとが重要になってくる。ではいったい、どんな場面でどんなルールが必要になるか考えてみよう。

どこに何が必要か具体的な場面を考える

接客に関するルールを決めることは、安定したサービスの提供とお客さまの満足にもつながります。コンセプトからはずれた接客をしていては、リピーター客はついてくれません。自由な雰囲気があるカフェでも、やはり最低限のルールは必要です。

たとえば、次のような場面でスタッフがバラバラな対応をしていると、お客さまはよい印象を持ってくれません。

・お客さまの来店時（挨拶）
・誘導（席への誘導、荷物を預かるなど）
・テーブル接客（水・おしぼりを出す）
・オーダー（注文を聞く、メニューをすすめる、配膳する）
・フロア接客（皿を下げる、差し水、灰皿の交換、空調の調節など）
・会計（レジ・テーブル会計、ポイントカード・サービス券を渡すなど）

お客さまへの気配りもひとつのルール

また、自分のお店ならではの接客も忘れないようにしたいものです。

たとえば、人がたくさん集まるお店なら元気のいい接客、隠れ家的な雰囲気なら、必要以上に声をかけないなど。スタッフの対応はお店の個性でもあるのです。

こうした心構えは、ある程度の実地経験が必要ですから、いきなり実践するのは大変です。ただ、だからといって、できなくてもいいというわけではありません。知り合いや近所の人を呼んで練習をするなど、オープン前にできる限りのことはやっておきましょう。

どういうルールにするかは、お店のコンセプトやスタイルによって違ってきます。これらを参考にして、自分のお店に合ったルールをつくっていきましょう。

■スタッフ教育はどうするの？

一般に実地での訓練に重点がおかれ、スタッフ自身に仕事内容への理解が不足しがちだが、本来はお客さまをもてなす心構えについて徹底させることを優先すべき。明るい笑顔やはっきりしたあいさつ、きびきびした動作など、お客さまによい印象を与える接客の基本を身につけさせよう。

■お店・接客のルール

1 お客さまを迎える

あいさつの仕方・フレーズ、満員時の断わり方、迎える位置・姿勢などを決めておく。

2 席へ誘導する

人数、喫煙の確認。空いていればお客さまに選ばせる。または相席にならないよう誘導する（例、２人組の場合……空いているとき→４人席、空いてないとき→２人席やカウンターへ）。

3 テーブルでの接客

おしぼり・水・メニューブックを出す。キャンペーンやおすすめメニュー、また、売り切れメニューを伝える。
※「何がおすすめ？」の質問の答えに「全部です」は避けよう。たいてい選びきれないから質問しているのだ。お店のおすすめ、自分のお気に入り、一番人気などを紹介すればいい。

4 オーダーを受ける

来店順に聞く。セットメニューならドリンクを出すタイミングを確認。夜の営業ならドリンクオーダーを先に受ける。ソースなどの味付けやアラカルトの組み合わせがあるなら聞く。オーダーを復唱・確認する。

5 メニューを出す

オーダーを受けた順番に提供する。はし・フォーク・スプーン・取り皿・調味料の確認。おかわりの確認。

6 フロアでの接客

灰皿の交換の仕方（空の灰皿でフタをするなど）。差し水のタイミング。エアコンの効きを確認・調節。おしぼり・紙ナプキンの追加・交換など。
※客によっては話し相手になることも必要。

7 会計する

テーブル会計・レジ会計の確認。ポイントカード・割引チケットなどを渡す。見送りのあいさつ・位置・姿勢などの確認。
※常連ならちょっとした会話、そうでない人には感想を聞いたりしてから見送る。

良識に任されるドッグカフェのルール

ペットOKのドッグカフェは、衛生面での厳しいルール決めが必要。「umma」の場合は、テーブルはもちろんイスの上にも座らせないようにしている。違反者には厳しく注意することもあるという。

ドッグカフェを開設するのに特別な届け出は必要ない。保健所でも通常の飲食店と同様の扱いをされている。そのため、こうしたルールは、それぞれの良識に任されているのが現状だ。

店側がほかのお客さまの迷惑にならないよう配慮するとともに、利用する側に良識を持ってもらうよう働きかけることも大事だ。

多くの人に知ってもらうために オープンの告知をしよう

オープンの告知は、あらかじめ計画に加えておきたい成功ポイントのひとつ。軽く見たばかりに、オープン後に苦労したという話も多い。ターゲット、コストなどを吟味しつつ、お店に合った方法を探してみよう。

さまざまな媒体から お店に合ったものを選ぶ

新規にオープンする際には、ぜひお店を知ってもらうため、告知をすることも必要になってきます。告知の方法はいくつかありますが、ここでは代表的な4つの方法を取り上げてみましょう。

まずは新聞の折り込みチラシ。お店の商圏に絞って配ることができる合理性、家庭まで確実に届く信頼性、サイズや配布数、日程、紙面デザインの自由度など、メリットは多くあります。

ポケットティッシュは、人から人への手渡しなので、反応がダイレクトにわかります。また、単なるチラシよりも受け取ってもらえるという確実性もあります。

そして、フリーペーパーへの広告掲載。何十万部も発行する人気のフリーペーパーなど、多くの人に見てもらえる点で、一番効果的です。部数が多くなればなるほど、コストが割安になるというのも魅力です。

ただ、気をつけたいポイントとしては、配布場所を指定できないこと、競合店も数多く掲載されていることです。

自分の足で地道に告知する ご近所まわりも効果的

近所へのあいさつまわりという手もあります。チラシや割引券を手に、周辺のお店や会社に配って歩く方法です。地味に見えますが、通りすがりに受け取るチラシなどと違って、確実にお店の存在を知らせることができます。

公私における近所付き合いという意味でも有効です。相手がお店ならチラシやショップカードを置いてくれないか頼んでみましょう。会社ならランチの需要も見込めます。

細かく探せば、方法はもっとあります。ターゲットやコスト、デザインなど、自分のお店に合った方法を選んで、上手に活用しましょう。

■割引券
大手チェーン店がいたるところに出店し、格安でコーヒーが飲める昨今、付加価値だけでお客さまを呼ぶことは難しいかもしれない。そんなとき、お客さまに「得した」と感じさせるには、割引券やポイントカードが効果的だ。固定客に還元を図ることで、少しでも多くのリピーターをつくりたい。

第5章

■さまざまな告知方法 ―― その反応は、たとえばこんなカンジ

●折り込みチラシ

ふと目にとまった折り込みチラシ。近所にできた新規オープンのカフェだ。スーパーやマンションの広告に混じって、余計にかわいらしさが目立つ。オーガニックの素材を使っているのが好感を持てる。すぐ近くの路地裏にあるようなので、ちょっと覗いてみようかな。

●ポケットティッシュ

駅前でもらったポケットティッシュ。何気なくもらったものだけど、シンプルなデザインが格好よくて印象的。ティッシュを使っていたら、友だちもそれに気付いた。家から遠くないし、今度の土曜日、２人で行ってみることに。

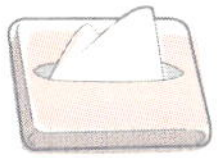

●フリーペーパー

ヒマつぶしに見ているフリーペーパー。お店探しに困ったときの、お役立ちアイテムだ。でもたくさんお店が載っていて、どれを選べばいいのかわからない。とりあえず近所にあるお店のなかから、写真とキャッチコピーのいいものを選んでみよう。

●近所へのあいさつまわり

仕事中にやってきたのは、近くにできたカフェのオーナー。オープン記念の割引チケットを持ってきてくれた。人当たりもよく、話も楽しい。仲良くやっていけそうな印象だ。明日のランチ、さっそく味をみてみるか。

●口コミは最大の広告効果

口コミによる生の情報は信頼性が高く、聞き手がお店に行く大きな動機づけになる。とくに情報にうとい人にとっては、おいしい情報源にもなってアナウンス効果も期待できる。

しかし、チラシや広告と違って、お店の雰囲気や料理の味など、１人の印象がそのまま伝わってしまうのは長所である一方で短所にもなる。大切なのは、いかに１人ひとりのお客さまを大事にできるか。口コミの影響力には注意したい。

ここをアピールしよう！

- コンセプト
- 住所
- 電話番号
- ホームページアドレス
- オープン日
- 営業時間
- おすすめメニュー
- 雰囲気、インテリア

etc…

告知方法と気になる費用

それぞれの告知にかかる費用は、取り扱う会社によって差があるので、何社か比較してみること。受注量や内容によっていくら必要になるか見積もりを取ってもいい。

ちなみに、折り込みチラシは東京23区の場合B５版が１枚３円弱。ポケットティッシュはフルカラー（または４色）１０００部で２〜３万円、フリーペーパーの場合、基準になる価格があるわけではないが、小さな枠（１／18から１／８ページ）でおよそ３〜５万円あたりの価格帯が多い。

予算の関係で告知するゆとりがない場合は、表に目立つ看板を置いたり、仲間を呼んでにぎやかなパーティを開くという手もある。

開店当日の段取りを決め、シミュレーションしよう

はじめてのお店を運営するにあたっては、想像以上に大変なことがいっぱいある。本番でパニックにならないよう、オープン前に1日の営業をしっかり練習しておくことが大切だ。

本番で必要なものを練習で把握しよう

料理の段取りや接客などは、実際に経験してみないとわかりません。オープンしてから戸惑うことがないように、1日の営業をシミュレーションしておくことが大切です。

とくに気をつけたいのがピークタイム。忙しさに慣れていないとパニックになってしまうこともあります。オープン前に練習を重ね、できるだけ克服しておきましょう。

シミュレーションで確認しておきたいことは、まず段取りです。

調理を担当する人は、材料や道具の置き場所、それぞれの作業場所などを確認しておきます。接客を担当する人は、オーダーの受け方、厨房への伝え方、水やおしぼりを出すタイミング、座席への案内などを理解します。

また、だれが何を担当するのか、どこまでやればいいのかも決めておきましょう。オーダーを伝える声が重なったりしないように声を掛け合うことも大切です。

率直な意見をもらって的確に修正していく

シミュレーションは、実際の営業スタイルに沿って行います。お客さま役には友人や知人、近所の人にお願いして来てもらいます。サービスの善し悪し、料理の味など問題点を浮き彫りにするためにも、できるだけ率直な意見を言ってもらいましょう。

実行するタイミングは、工事との兼ね合いもありますが、できるだけ早めにすること。スタッフ間のコミュニケーションや厨房機器のパワー不足など、何か問題が見つかったときのためにも、日程には余裕を持っておくことが大切になります。

具体例として、1日の営業の流れを次ページに表してみました。自分のお店のスタイルに合わせて、効率的な段取りを決めていきましょう。

■ピークタイム
通常、ピークタイムはランチタイムであることが多いが、オフィス街などでは通勤前の朝食をとるビジネスマンが多く、朝8～9時にピークを迎えることが多くなっている。それを過ぎると、ゆっくりモードのアイドルタイムになったり、出店場所によってもいろいろ差が見られる。

■カフェ営業の1日の流れ

8:30 お店に到着

床掃除、テーブル・イスを拭く。ランチの準備をはじめる。必要なら買い出しへ。仕込みが大変なものは、前日までにやっておく。

10:30 営業開始

看板を出す。照明・音楽をＯＮ。接客の合間に、材料や備品の在庫チェック。足りないものを業者へ発注。

11:30 ランチタイム

お客さまが一気にやってくる忙しい時間帯。オーダー、給仕、接客を、効率良くこなしていく。

14:00 夜メニューの仕込み

保存がきかないものは客足を予想して量を調節。保存できるものは大量に仕込んでおく。

16:00 ちょっとひと息

ヒマをみつけて交互に休憩する。食事や買い出しなども必要があれば済ましておく。

17:00 ディナータイム

照明、看板、ＢＧＭを換えてディナータイム開始。お酒の在庫をチェック。足りないものを発注。

22:00 閉店準備へ

ラストオーダーを受けて閉店準備を始める。厨房・調理器具の掃除、素材の在庫確認、翌日の仕込み。レジを締め、売り上げを計算。

23:00 閉店

看板をしまう。翌日の買い出しの確認。ホールの掃除、ゴミ出し。鍵をかけ帰宅。

こんなところにトラブル発生！

問題点はなるべく事前にクリアしておきたいもの。以下のようなポイントに気をつけて、万全の体制でオープンに備えましょう。

- 通路の幅、動きやすさは？
- エアコンの調子は？
- 厨房器具の調子は？
- 食器は足りてるか
- 道具は足りてるか
- 料理を出すまでの時間は？
- 足りない調味料は？
- 仕入れ、仕込みの量は？

開店から1カ月の間で気をつけたいこと

いくら万全の体制でオープンしたといっても、すべてが練習通りにうまくいくわけではない。起こってしまった問題は、そのままにせず、なるべく早いうちに解決していこう。

問題点を見つけ客観的に改善する

思ったよりお客さまが来ない、利益が上がらない、クレームが多いなど、オープンしてから起こってしまう問題があります。それが発覚したときはあまり長引かせず、すばやく原因を突き止めて対処することが最優先になります。

原因として考えられるのが、まずお店づくりがうまくいってない場合です。たとえば看板や外観に魅力がない、インテリアや内装がコンセプトにふさわしくない、営業時間が短いなどが挙げられます。

また、メニューに魅力がないという場合もあります。味付け、品ぞろえ、値段だけでなく、提供までの時間やメニューブックや食器のデザイン、材料のロスがないかなども見直してみましょう。

こうした問題を解決するには、どこに原因があるのかを細かく分析し、修正することです。気になる点があれば1人で抱え込むのでなく、いろいろな人の意見を聞くことも大事です。

周辺の環境や人間関係も注意すべきポイント

そのほかに、周辺の環境や人との関係がうまくいってない場合があります。騒音や臭い、ゴミ出しなど、注意されたものはすぐに改善し、二度と起こらないようにします。

スタッフ同士の関係も同様に、接客に支障をきたすだけでなく、お店の雰囲気を悪くしかねません。それ以前に、自分のお店なのに、楽しく働くことができないという矛盾も起こってしまいます。

こうした問題は起こらないことが一番ですが、修正が可能な初期段階でわかったほうが問題を大きくせずに済ますことができます。いずれにせよ、お店のコンセプトがしっかりしていれば、あるポイントの修正をするだけで改善することが可能です。初心を忘れないようにしましょう。

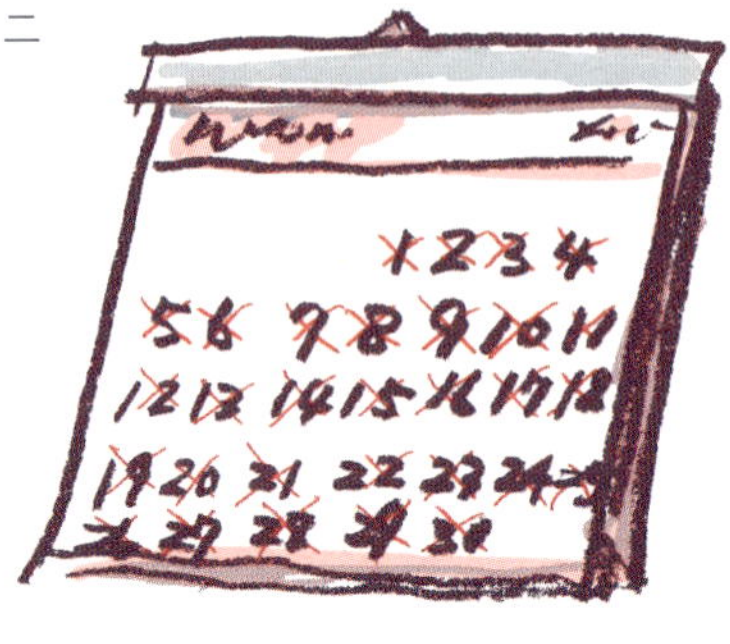

■周辺の環境や人との関係
カフェをはじめる人には、会社の人間関係がいやになり、脱サラするというケースも少なくないが、どんな職種でも人間関係は大切だ。スタッフ同士だけでなく、お店のまわりの人たちとの良好な関係も築いておきたいところ。簡単なあいさつ程度でもかまわない。へんな誤解を呼んでお店の評判を落とさないよう気をつけたい。

■たとえばこんな盲点が

●料理の盛り付け、ボリューム

同じ分量でも、小さめの器いっぱいに盛り付ければボリューム感たっぷりに、大きな器できれいに盛り付ければオシャレで上品に見える。また、たとえばレタスを刻んで混ぜるか、下に敷くかでも違ってくる。ターゲットや料理のコンセプトを考えて盛り付けしよう。

●クレンリネスの徹底

清潔感を保つことは飲食店の基本。ゴミが落ちていたり、机がべたべたしているお店に喜んで来る人はいない。お客さまに気持ちよく来てもらえるように、きれいにすべきポイントをもう一度チェックしよう。

・店頭、外壁、看板
・ガラス、ドアノブ
・床、壁、天井
・机、イス
・食器類、メニューブック
・厨房器機、道具
・トイレ、洗面所
・ペーパータオル、トイレットペーパー

■チェックポイント ☑

店頭／外観	外観のデザイン、汚れ	□
	看板のデザイン、汚れ、位置	□
	メニュー表の見やすさ	□
	店舗前のゴミ処理	□
	告知、宣伝	□
メニュー管理	味、盛り付け	□
	品揃え、ボリューム	□
	提供時間	□
	在庫管理、保存方法	□
	オリジナルメニュー、新メニューの開発	□
	原価、値段設定	□
その他	接客態度	□
	スタッフ同士のコミュニケーション	□
	空調、音楽、照明	□
	インテリア、内装	□
	清掃、ゴミ出し	□
	地域とのコミュニケーション	□

トイレで判断されるお店の善し悪し

トイレが汚れているだけで、その店の評判まで落としてしまうことは珍しくない。その一方で、トイレが清潔なお店は印象も良くなる。たとえば、元は古い木造アパートにもかかわらず広くて清潔な「SPICE cafe」や、ブルーの壁に日光が差し込む「appel」は、出るのがもったいないほど居心地のよい空間だ。

とくに女性はシビアな目を持っている。汚れはもちろん、トイレットペーパーがない、洗面所が水びたし、お手拭きがない、ということでは、二度と来てくれないだろう。

そのためにも、トイレのチェックは、1日に一度きりではなく、できればくり返し行いたい。

懐かしくも清潔感あふれる「HATTIFNATT」のトイレ。

開店後の見直しと売り上げアップのポイント

いよいよ、念願だった自分のお店がオープン。ここまでの道のりはいろいろあったけど、じつは開業は通過点に過ぎない。お店は長く続けてこそ意味があることを、忘れてはいけない。

いつまでも基本コンセプトを忘れないこと

晴れてオープンを迎えても、いつまでも喜んではいられません。お店を長く続けていくためには、さまざまな努力をおこたらないことが不可欠になってきます。次の7つのポイントを参考に、売り上げをアップさせ、お店を長く続けていきましょう。

1. 最新のニーズをキャッチする

時代が変われば人も変わります。お客さまがいつまでも来てくれるとは限りません。飽きられないよう、つねに何が求められているのかを把握して、お店づくりをしていきましょう。

2. 新たな価値の探究

いつ来ても変わりばえしないメニューに、リピーターもいつかは飽きてしまうかもしれません。コンセプトは守りつつ、つねによりよいサービスを提供できるように心掛けることが大切です。

3. ときにはガンコ者であれ

時代のニーズをとらえるのもお店づくりには大切なこと。しかし、それもしっかりしたコンセプトがあってのこと。根幹が不安定な樹木は、すぐに倒れてしまいます。枝葉は変えても、基本コンセプトだけは守り続けましょう。

4. お客さまを信じすぎない

ときにはお客さまの意見に、反省させられることもあるでしょう。ですが、すべての意見をお店づくりに反映できるものではありません。無理にメニューを増やしたり、インテリアを変えたりしては、自分のやりたいことができなくなってしまいます。大切なのは、コンセプトに合っているかどうかです。

5. 自分を信じすぎない

ひとつの成功は、その後の成功を

■売り上げUPのヒント
カフェメニューやランチだけでは、客単価は低いまま。そういうケースもままある。利益をアップさせる方法をいろいろと試してみる価値はあるだろう。まず一般的なのは、夜間営業をはじめること。アルコールは原価率が低く、一定の粗利を期待できる。そのうえ1人で何種類ものメニューを頼むので、ランチの3～4倍程度は単価を上げることも不可能ではないのだ。昼間だけで勝負したいなら、テイクアウト用のメニューをつくるのも手だ。お店の席数や回転率に関係なく、数をさばくことができるのがメリットだ